献 给 母 亲

【南怀瑾】推荐

【李淑君】译著

人之初

佛说入胎经今释

人民东方出版传媒
People's Oriental Publishing & Media
東方出版社
The Oriental Press

编者的话

我社与南怀瑾先生结缘于太湖大学堂。出于对中华优秀传统文化的共同认识和传扬中华文明的强烈社会责任感、紧迫感，承蒙南怀瑾先生和太湖大学堂的信任和厚爱，独家授权，我社将陆续推出“太湖大学堂”系列作品简体字版，其中既包括南师的著述，也有南先生推荐的一些作品。

在浩如烟海的佛教经典里，《佛说入胎经》(《大宝积经》卷五十六）有着特殊的地位。说其特殊，是指在这部经典里，释迦牟尼佛直观而又令人惊叹地描述了胚胎受孕(即入胎）及发育的各种情状，如同佛说一碗水有“八万四千虫”的论断已经得到现代微生物学的证实一样，现代科学在显微镜下所观察到的胎儿入胎及胎儿发育的绝大多数情状，与此经典所述并无二致。除此之外，此经文还详细阐述了各种入胎及不入胎的条件，讲述了导致不孕不育的妇科病和男性疾病是什么，这些亦与现代科学的研究和发现不谋而合。——二千五百多年前，释迦牟尼如何得知这一切？是巧合还是科学？佛教是纯粹唯心的吗？这正是南先生推荐李淑君女士所著《人之初——佛说入胎经今释》一书的初衷。

在本书里，李淑君女士创造性地将经文与现代人体胚胎学的最新研究成果结合起来，并辅以精心绘制的插图，叙事、佛经、说理巧妙结合，将二者客观地加以对比、分析和研究；至于经文中与现代科学相冲突的地方，李女士也予以存疑，并无“厚此薄彼”之处。

需要指出的是，释迦牟尼佛说此经，其意旨在通过对“生”之门情状的描述，力证母苦胎苦，进而说“六道轮回”之苦，引导难陀脱离人间情欲，求证出离之道。以佛的观点看，在父精母卵结合的那一刹那，“中阴身”的加入，意即三缘和合，方可入胎。这是佛所说与我们现代科学所能实证的重要差别。有关中阴身受业力的牵引入住生母的受精卵才能住胎转生的观点，读者自有理由存疑。

作为一代国学宗师，南怀瑾先生“通古今之变，成一家之言”，毕生致力于民族振兴和改善社会人心。我社深感于南先生的大爱之心，谨遵学术文化“百花齐放，百家争鸣”之原则，牢记出版人的立场和使命，尽力将大师思想和著述及大师推荐的作品，如实呈现读者。其妙法得失，还望读者自己自主领会。

东方出版社

二〇〇九年六月

目　录

前　言

“讲到人道生命的来源，我们要再抽出《大宝积经》卷五十六的《佛为难陀说出家入胎经》，也就是《佛说入胎藏会》。一两千年来，古人从来没有把这部经当作重点来研究，大家也都没有留意。

其实这是很重要的，它涉及心物一元——尤其以人为本位的生命的大科学。同时和气脉的变化、习气的转化，都有关系。一般人学佛都想超凡入圣，但是自己身心改变不了，科学性的生命来源弄不清楚，那么不管你怎么修道、打坐，都是白费。所以我希望在座能有同学发心，根据原文把它写成白话；同时再配合现代医学的资料，把它们掺和起来，对于人本位的身心科学来说，是非常有意义的事。”

上面二段话是一九九四年六月间，南怀瑾老师在“身心科学”这个系列讲座中，讲解《入胎经》时所作的提示。基于这个原因，笔者“困而行之”地做了这个尝试。试着在怀师精辟的开示下，将这部《入胎经》与现代医学结合，同时配合一部分传统中医的概念加以重新阐释。

其中现代医学的西医部分，要感谢妇产科权威黄昌发医师所提供的资料与指导。同时感谢潘庭松先生协助图片之处理，以及王泽平、吴美珍、周明珠、赖月英、谢锦扬诸位女士、先生，百忙中抽空代为校稿，并提出宝贵意见。

此书排版中，因缘际会，恰逢周勳男先生应香港国际文教基金会之邀，就“胎养与胎教”作专题讲演。勳男先生致力于心理学研究多年，相关著作等身，融汇古今中外各家学说，相互比类发明，于近代心理学领域中，独树风格。承其俯允，将“胎教与胎养”讲稿赐下，以光篇幅，实为读者之幸。又蒙其不弃，为序勉励，在此一并致谢。

在这个崭新的尝试中，个人觉得受益不少。惭愧的是，由于笔者在修证以及医学方面的有限，书中定存不足之处，同时冀望高明不吝赐予指正；借收抛砖引玉之效，则更为所盼，是为幸甚！

周　序

有些人听说李淑君译著的《佛说入胎经今释》就要出版了，而感到惊异，仿佛这跟学佛修道没什么关系。——生都已经生下来了，还要去研究干吗！

其实，本书正是对孔子所说“未知生，焉知死”的最好答复。了解了生，自然有助于了解死；反之亦然。生从何处来，死往何处去，正是人类千万年来所想知道，也是所有宗教首先要回答的问题。

这也不禁使我想起几十年前，怀师在谈起中印文化的重大区别时，说过在生死这两扇大门前，中国文化本着《易经》乾卦生生不已的精神，往生门这边看；印度文化则本着解脱痛苦烦恼的精神，往死门这边看。其实，中国文化讲的“易”，就是变化，相当于印度文化讲的无常。“变化”与“无常”都是对同一现象的描述，但“言为心声”，不同的语言文字就表征了不同文化的心态。怀师又说，这只是从宏观的立场来看，若从微观的立场来看，中国文化的代表——儒家，又何尝不是慎终追远，而制定出一套非常隆重完整的葬礼仪式？至于印度文化的代表——佛教，怀师则特别提出佛说有关入胎住胎等经典，要我们注意研究。

于是开始留意有关文献，结果发现早在一九六〇年十月的《人生杂志》上，即有陈钦铭居士所撰写的“佛说入胎藏会与胎生学之比较研究”，颇为赞叹，但似感有所不足，乃继续搜集有关胚胎学之中外著作。虽然有所猎读，也知道宋代戴侗说过的一句话：“欲于待，则书之成未有日也。”但终究没有提起笔来。

而今看到李淑君的书稿，深获我心。跟近四十年前陈居士所撰一文比较起来，李淑君这本译著青出于蓝的地方有四：

一、补足了前者略而不论的难陀出家及说入胎经的因缘，而这一部分是既有趣味又深具启发性的；

二、不只译述了《大宝积经》第五十六卷（以大正藏版为准，即佛说入胎藏会第十四之一，唐·义净译），并参酌该经第五十五卷（即佛为阿难说处胎会第十三，唐·菩提流志译），使字义更为明晰；

三、得力于中外人体胚胎学的最新研究成果，因此译述起来，自然比前者详细很多。尤其又附有精心绘制的插图，使人更一目了然；

四、书中并提出一些使人深思的问题，至于文字之清新流畅，则尤为其余事。

阅读了这本以《大宝积经》第五十六卷为主的译述后，有兴趣进一步探讨的读者，可将本书附录的该经第五十五、五十七卷，及《佛说胞胎经》一齐研究。例如，大家可能比较感兴趣的中有入胎，第五十六卷说：“父母及子，有相感业，方入母胎。又彼中有欲入胎时，心即颠倒。若是男者，于母生爱，于父生憎；若是女者，于父生爱，于母生憎。于过去生所造诸业，而起妄想，作邪解心……复起十种虚妄之相。”而第五十五卷则讲得更强烈、更露骨：“父母和合之时，若是男者，于母生爱，于父生嗔，父流胤时，谓是己有；若是女者，于父生爱，于母生嗔，母流胤时，亦谓己有。若不起此嗔爱心者，则不受胎。”而对于前者之“十种虚妄之相”，则依有无福德，而“虚妄之相”有别。

至于第五十七卷，世尊则谈出胎后的生老病死之苦，而勉励弟子“应以正念正慧而审观察”色受想行识等五蕴。由厌患而不染着，即得解脱，并自知解脱而作如是言：“我生已尽，梵行已立，所作已办，不受后有。”对于较为被动而依赖性重的难陀，世尊则以罕见的强烈语气加以激励：“难陀，汝莫信我，莫随我欲，莫依我语，莫观我相。莫随沙门所有见解，莫于沙门而生恭敬。莫作是语，沙门乔达摩是我大师。然而但可于我自证所得之法，独在静处思量观察。常多修习随于用心所观之法，即于彼法观想成就，正念而住。自为洲渚，自为归处。法为洲渚，法为归处。”

第五十七卷还谈到有四种有情入母胎：一、正念入住出；二、正念入住，不正念出；三、正念入，不正念住出；四、入住出皆不正念。能正念入住出的有情，是“性爱持戒，数习善品，乐为胜事，作诸福行，极善防护，恒思质直，不为放逸，有大智慧，临终无悔，即便受生”。即使临终、入胎、住胎、出胎受诸痛苦，但都能正念不乱。要再世为人，当取法乎上，其他三种就不必列举了。

至于西晋竺法护所译的《佛说胞胎经》，虽然只是后来唐译《大宝积经》第五十七卷的前半部，但它同竺法护另译的《修行道地经》，已提前影响了晋、南北朝、隋代的中华文化了。尤其后者对于“逼寿尽故，其人身中四百四病，前后稍至，便值多梦，而睹瑞怪，而怀惊恐”，着墨甚多，而于入胎之五阴，叙述简明：“入于胞胎，是为色阴；欢喜之时，为痛乐阴；念于精时，是为想阴；因本罪福缘得入胎，是为行阴；神处胞中，则应识阴。如是和合，名曰五阴。寻在胎时，即得二根，意根身根也。”其所述之住胎周期变化，也甚为扼要，当对北齐徐之才之撰著《逐月养胎方》有所影响或启发。

因此，清代名医张路玉认为，唐代孙思邈所转述徐之才的养胎法，“与《大集经》吻合，求其细则受胎在母腹七日一变，展转相成”。对于不足月而产下来，却能长育长年者，则提出他的看法：“此各经荣养与七日之变，皆不及期，而养胎之气仍周遍也。”依现代胚胎学的研究来说，第六个月的胎儿处于独立生存的边缘，这时出胎大都会因肺的不成熟而在数日内死亡；第七个月末，胎儿脑皮质的六层结构已可辨认出来，这时出胎，虽然死亡率很高，但已能存活了。

要是胎儿死掉，孕妇（或其丈夫）固然伤痛，但若是有意杀胎，依《佛说长寿灭罪护诸童子陀罗尼经》来说，罪同杀阿罗汉，属无间地狱罪。近年来，由日本为求心安而供奉婴灵的歪风传来台湾，却成为敛财的工具。有此种情形者，可依此经殷勤忏悔，并修习十二因缘，再念念守护菩提心，以得清净。

拉杂写来，不觉东方之既白。想起庄子曾有方生方死之说，引申起来，也可说：睡如入胎，醒如出胎。人生数十年，可归之于一昼夜；一昼夜也可绵延于无际。谨以此赘语为李淑君之《佛说入胎经今释》致贺，并盼望她在此良好的出发点上，写出更多的好书来。

周勳男

一九九八年七月廿一日

缘起

光中化缘痴情子

此情可待成追忆

无可奈何发落去

一进空门归不得

一头雾水

欲海情天又一转

一样梵行两样情

生天下地缘一念

如是我闻。一时，薄伽梵（注）在劫比罗城多根树园，与大比丘众无量人俱。

尔时世尊有弟，名曰难陀。身如金色，具三十相，短佛四指。妻名孙陀罗，仪容端正，世间罕有，光华超绝，人所乐见。难陀于彼缠绵恋著，无暂舍离。染爱情重，毕命为期。

（注）梵文 Bhagavat 的译音，又译为薄伽婆。就是中文“世尊”的意思。

释迦牟尼佛有个弟弟，名叫难陀。从小，在哥哥耀眼的光辉下，他没有引起太多的瞩目。事实上，他也是一表人才，那古铜色而泛着光泽的肌肤，衬托着端正的五官、挺拔的英姿，比释迦牟尼佛高昂的身躯略矮三寸。只要不和那长得无懈可击的世尊站在一起，任谁都要打心底赞上一声，好个美男子。

至于他的夫人孙陀罗，是全国闻名的绝色美女，不论她在哪里露面，总是吸引了数不清的人，想要一睹那千娇百媚的风姿。

夫妻两人缠绵悱恻，恩爱逾常，相互许下了生生世世、永结连理的誓言。

光中化缘痴情子

世尊观知受化时至，即于晨朝，著衣持钵。将具寿（注）阿难陀为侍者，入城乞食。次至难陀门首而立，以大悲力放金色光。其光普照难陀宅中，皆如金色。

于时难陀便作是念：“光明忽照，定是如来。”令使出看，乃见佛至。即便速返，白难陀曰：“世尊在门。”闻此语已，即欲速出，迎礼世尊。

（注）年长的出家比丘称呼年轻的出家比丘为“具寿”；年轻的出家比丘称呼年长的出家比丘为“大德”。

一个鸟语花香的季节，佛在劫比罗城的多根树园里，带领一大群的出家弟子们修行。世尊知道这个弟弟的出家因缘差不多到了。

于是第二天大清早，就披上袈裟，拿着钵盂，叫了个年轻和尚，原本是他堂弟的阿难，一道去城里乞食。

走到难陀的家门口，释迦牟尼佛停了下来，无限慈悲地放出金光。顿时，难陀的家中，不可思议地笼罩在一片祥和灿烂的金光里。

正在屋里和孙陀罗卿卿我我的难陀，忽然看到这神奇的瑞相，心想，一定是成了佛的哥哥来了。于是，兴冲冲地赶紧起身，一边忙着披上衣服，一边吩咐仆人快去看个究竟。仆人赶到门口，果然见到世尊慈祥肃穆地站在一片光中。仆人匆匆地行了礼，又赶紧跑回屋里通报主人。难陀一听，满心欢喜，就要赶着出外迎接。

时孙陀罗便作是念："我若放去，世尊必定与其出家。"遂捉衣牵不令出去。难陀曰："今可暂放。礼世尊已，我即却回。"孙陀罗曰："共作要期，方随意去。"以庄湿额，而告之曰："此点未干，即宜却至。若迟违者，罚金钱五百。"

孙陀罗眼见出家成道的世尊竟然来到家门口，施展神通，放出金光；而自己的丈夫对这位兄长，又如此倾倒，一股不安的直觉涌上心头——丈夫这么一去，多半要被拐了出家。如胶似漆的恩爱，怎么割舍得下。一阵心酸，禁不住泪水就如雨而下。哭哭啼啼地，怎么也不放难陀出去。

难陀被娇妻哭得不忍，忙不迭地好言宽慰着说："你不要担心，出家成道的哥哥难得光临，我总得出去接驾。行了礼，马上回来，绝不耽搁。"一边说着，一边温存地为孙陀罗擦拭满脸的泪水。

孙陀罗这才勉强放开了难陀，拿起自己的胭脂膏，点了一滴在难陀的额上，半是忧虑，半是娇嗔地说："既然你这么说，我就依了你。可是不许你和他多说话，这点胭脂没干之前，你就得回来。如果耽搁了，要罚你五百钱。"

此情可待成追忆

难陀曰："可尔。"即至门首，顶礼佛足。取如来钵，却入宅中，盛满美食，持至门首。世尊遂去。即与阿难陀，世尊现相，不令取钵。如来大师威严尊重，不敢唤住，复更授与阿难陀。

阿难陀问曰："汝向谁边，取得此钵？"答曰："于佛边取。"阿难陀曰："宜授与佛。"答曰："我今不敢轻触大师。"默然随去。

对娇妻的约法，满口应承下来，然后忙不迭地赶到门口，见到久未晤面，已得大成就的兄长——释迦牟尼佛，正安详肃穆地站在一片光中。难陀情不自禁，毕恭毕敬地跪了下去，照印度当时礼拜出家人的规矩，顶礼了世尊。然后起身，接过世尊手中的钵盂，三步并作两步地跑回屋里，盛了满满一钵最精致可口的饭菜。为了赶在胭脂没干之前回去向娇妻报到，又连走带跑地捧到门口。正要恭恭敬敬地送到世尊手上，世尊忽地一转身，迈开步子走了。

难陀弄不清怎么回事，愣住了。好在看见出家的堂弟阿难还站在门口，赶紧把这一钵盂丰盛的饭菜，往阿难手里送去。

已经转身过去的世尊知道了，又运用隔空传音的神通，吩咐阿难，不要接过这钵饭菜。阿难遵照世尊的吩咐，不肯从难陀手中接过这个钵盂。

难陀急得不知如何是好，很想把出家成佛的兄长叫住，问个究竟。但是慑于如来神圣肃穆的威严，又不敢贸然开口。情急之下，只得再一次把这钵饭菜，求阿难收下。

阿难知道了世尊的心意，就问难陀："方才你是从谁手里，取走这个钵盂的呢?"难陀答说："世尊。"阿难于是说："那就是了，你既然从他手里拿的，照佛家规矩，你就得再亲自送回他手上，这才是供养的礼数。"

难陀急得叫苦连连："哎呀，究竟怎么回事啊！原本欢欢喜喜地出来见他，怎么搞成这样！也不知怎的，每次见到世尊，我就没了主张。他转身走了，我也不敢叫住，生怕冒冒失失，触犯了他。罢了，罢了，这件事你既然帮不上忙，我也就不勉强了。"

难陀无可奈何，只好硬起头皮，不声不响地跟着世尊，一步一步地，就走到了多根树园。

园子里古树参天，一阵阵清风，间或传来几声鸟叫和虫鸣，洋溢着一股离尘出世的气氛。只是难陀一路苦恼着娇妻的约法，所以对这座令人心旷神怡的道场，也就好像视若无睹。

世尊至寺，洗手足已，就座而坐。难陀持钵以奉，世尊食已，告曰："难陀，汝食我残不?"答言："我食。"佛即授与。

终于到了寺里，只见世尊对他还是不理不睬，自顾自地清洗了手脚，然后盘腿而坐。坐定后，这才不慌不忙地从难陀手里接过那钵饭菜。

难陀总算把一路捧着的这钵饭菜交了出去，真是如释重负，好不痛快啊！可是不知怎的，碰到世尊，他似乎就傻了，整个人呆呆的，把钵交给世尊后，他就这么愣在原地站着。

过了一会儿，释迦牟尼佛吃好了，钵里还剩了些饭菜，他就转过头问身边的难陀："你吃不吃这些剩下的?"难陀一听，忙不迭地回说："吃，吃。"恭恭敬敬地把钵捧了过来。里面的饭菜早就冷了，心里又焦虑地牵挂着孙陀罗，可怜的难陀，根本食不知味，就胡乱把那些剩菜剩饭，三口两口地塞进肚里。

无可奈何发落去

难陀食已，世尊告曰："汝能出家不?"答言："出家。""然佛世尊昔行菩萨道时，于父母师长及余尊者所有教令，曾无违逆。故得今时，言无违者。"即告阿难陀曰："汝与难陀剃除须发。"答曰："如世尊教。"

世尊等难陀把饭吃完了，就问他："你能不能出家呢?"这突如其来的一问，问得难陀一头雾水。自己正要回家，怎么问起出家？他错愕茫然地朝世尊望去，只见这位成佛的尊长，洋溢着一片肃穆祥和的气氛。没敢多加思索，难陀随口就说："好，我出家。"

释迦牟尼佛听了，点点头。同时让他明白，历来的佛祖们，还没有成就之前，都非常努力地行菩萨道。对于父母师长的教诲，都牢记在心，不敢轻易违背。做了这番叮咛后，就交代阿难，准备为难陀剃度。

> 即觅剃发人，为其落发。难陀见已，告彼人曰："汝今知不？我当不久作转轮王。汝若辄尔剃我发者，当截汝腕。"彼便大怖，裹收刀具，即欲辞出。
>
> 时阿难陀便往白佛，佛便自去，诣难陀处问言："难陀，汝不出家？"答言："出家。"是时，世尊自持瓶水，灌其顶上，净人即剃。便作是念："我今敬奉世尊，旦为出家，暮当归舍。"

没多少功夫，剃头的师父来了，把布包解开，里面是一样样剃头的工具。难陀再也忍不住了，破口大骂地叫着，"你给我看清楚了！你知道我是谁吗？我是王位的继承人，我很快就要作转轮圣王了。你敢动我一根头发，小心我把你的手给砍了。"剃头的吓得赶紧裹起布包，冲出门口。正要跑开时，世尊来了。

原来，阿难在门口听到难陀的叫骂，早已飞快地跑去禀报世尊。世尊没有生气，也没有指责，只是平和地问难陀："你不出家了吗？"难陀一看到世尊，只好又硬起头皮说："出家。"

释迦牟尼佛于是亲自拿起水瓶，把水倒在难陀头上。剃头师父这才战战兢兢，把难陀的头发剃了。

难陀坐在那里，眼看一撮撮黑亮卷曲的头发掉在地上，好不懊恼。孙陀罗在家不知急成什么样了！怎么办呢？为了对世尊的尊重，头只好剃了。事到如今，姑且就白天出家，晚上再溜回家去吧！主意打定，就乖乖地坐在那里落了发。

一进空门归不得

既至日晚，寻路有行。尔时，世尊于其行路，化作大坑。见已，便念孙陀罗斯成远矣。无缘得去，我今相忆，或容致死。如其命在，至晓方行。忆孙陀罗，愁苦通夜。

好不容易挨到天黑，僧众都睡熟了，难陀终于蹑手蹑脚地开溜了。世尊早已知道他的打算，这时又施展神通，在他回家的路上变了一个大坑。难陀一路摸黑，到了这里，忽然碰到这个摸不到边、又见不到底的大坑，心想：惨了，老天怎么如此捉弄人啊！和孙陀罗一别，难道就再也见不到面了吗？

对娇妻的挂念和焦虑，简直无法忍受，真是五内俱焚，痛苦得好像就要死过去了。他心里默默地念着，假如天亮时，自己还活着，到时候再回家去吧！

尔时世尊知彼意已，告阿难陀曰："汝今宜去告彼难陀，令作知事人。”

即便往报：“世尊令尔作知事人。”问曰：“云何名为知事人？欲作何事？”答曰：“可于寺中检校众事。”问曰：“如何应作？”

世尊知道了他心里的盘算，没等天亮，就叫阿难去找难陀，叫他做寺里的“知事人”。所谓“知事人”，也就是现在寺里的执事。阿难照世尊的指示，果然找到了满面愁苦的难陀。

难陀听了阿难的传话，几乎晕了过去，有气没力地问：“什么是知事人？做些什么事呢？”

阿难告诉他：“就是在寺里照顾一些大大小小的事。”难陀听了，还是一头雾水地追问：“到底做些什么具体的事呢？”

一头雾水

答言：“具寿，凡知事者，若诸比丘出乞食时，应可洒扫；寺中田地，取新牛粪，次第净涂；作意防守，勿令失落；有平章事当为白僧；若有香花，应行与众；夜闭门户，至晓当开；大小行处，常须洗拭；若于寺中有损坏处，即应修补。”闻是教已，答言：“大德，如佛所言，我皆当作。”

阿难于是逐项解说，“譬如：比丘们出去乞食的时候，你就负责留守，洒扫寺庙的里里外外；地上如果脏了，你就拿些没有臭味的新牛粪，把它涂抹干净；注意防守门户，别把东西丢失了；如果政府方面的官员来了，记得告诉主事的比丘；如果有人供养香花，就把它安放了供众；晚上休息时间，关好门户；每天清早，再把门窗打开；大大小小的走道，经常清洗干净；寺里有损坏的地方，就赶紧修补。”

难陀听了，实在无奈，只好说：“大德，既然是佛的吩咐，我一定照办。”于是又拖着千斤沉重的步子，随着阿难，回到寺里。

时诸比丘，于小食时，执持衣钵，入劫比罗城为行乞食。于时，难陀见寺无人，便作是念：“我扫地了，即可还家。”遂便扫地。

当时，正是早餐时候。寺里的比丘们，都披了袈裟，拿着钵盂，到城里乞食去了。

难陀一看，四下无人，好不开心！心想，只要把地扫干净了，就赶紧溜回家去吧！于是拿起扫把，飞快地扫起地来。

世尊观知，以神通力，令扫净处粪秽还满。复作是念：“我除粪秽，方可言归。”放帚收持，粪秽无尽。复作是念：“闭户而去。”世尊即令闭一房竟，更闭馀户，彼户便开。遂生忧恼。

世尊在定中观察着，心念一动，难陀刚扫过的地，就又堆满了粪便垃圾。难陀来不及多想，赶紧又再清理这些新冒出来的垃圾。哪里想到，刚清理好，回转身，又是一堆。急急忙忙，扫过来，扫过去，却怎么也清理不完。无可奈何，又气急败坏，只好把心一横，想到，干脆把门关了，趁着寺里没人，赶紧溜回家去吧！

想到这里，扫把一扔，快步跑去把房门关好，再转身去关另一扇房门。奇怪了，前面刚关好的房门又开了。赶紧，再回头跑去关那扇房门。这么跑过来跑过去，房门却怎么也没办法关好。只见难陀前前后后，跑得满头大汗，急得不知如何是好。

复作是念："纵贼损寺，此亦何伤？我当为王，更作百千好寺，倍过于是。我宜归舍。若行大路，恐见世尊。"作是思量，即趣小径。

忽地念头一转，他想到："我很快就登王位了。纵使现在开溜，寺庙被抢了，或者被破坏了，等我做了国王，再修上百座、千座更好的赔他，总说得过去了。"

想到这里，好不快活，终于可以放心地开溜了。急急忙忙，大踏步地出了寺庙。走大路嘛，好走些，但是恐怕遇上世尊。想想，还是绕道小路吧！

一路上，连走带跑，满脑子盘旋的，都是他那娇妻孙陀罗。一会儿想着，孙陀罗现在到底怎样了？肯定和自己一样，正万分痛苦地忍受着离别的煎熬吧！一会儿又想着，娇妻看到自己终于回来了，又会怎么样呢？多半要投进怀里痛哭一场吧！自己可要好好温存赔礼，为孙陀罗抚去所有因离别而起的创伤。

佛知其念，从小道来。既遥见佛，不欲相遇。路傍有树，枝荫低垂，即于其下，隐身而住。佛令其树举枝高上，其身露现。佛问难陀："汝何处来？可随我去。"情生羞耻，从佛而行。

正在想入非非之际，小路的尽头忽然出现一尊熟悉的身影。糟了！那不是世尊吗？哎呀！冤家路窄啊！佛陀正朝着他，迎面走来。

原来，世尊始终注意着难陀的起心动念。眼看难陀想尽办法地要跑回家，只好亲自现身，当面拦截了。

难陀一见，忙不迭地往路边的林子里钻。恰好有株枝叶低垂而且茂盛的大树，他大气也不敢出，就躲到这丛枝叶后面。

没一会儿工夫，佛陀走到这棵大树的旁边。心念一动，垂到地面的枝叶，忽地往上举了起来。蹲在那儿的难陀再也躲不住了，窘得只想有个地洞好往里钻。

佛陀望着满脸涨得通红的难陀，没有任何责难，只是心平气和地问："你这是从哪儿来呢？你既然出来了，就跟着我去走走吧！"

佛作是念："此于其妇深生恋着，宜令舍离。"为引接故，出劫比罗城，诣室罗伐。既至彼已，住毗舍佉鹿子母园。

佛念难陀愚痴染惑，尚忆其妻，爱情不舍。应作方便，令心止息，即告之曰："汝先曾见香醉山不？"答言："未见。""若如是者，捉我衣角。"即就捉衣。

眼看这个弟弟对妻子痴迷到这个地步，佛陀想着，要怎么样接引，才能让他彻底地放下呢？

这么一路想着，就出了劫比罗城，来到室罗伐的毗舍佉鹿子母园。主意有了，于是佛陀停下脚步，问身边的难陀："你到过香醉山没有？"难陀答："没有。"佛陀笑眯眯地说："好，那么你抓住我的衣角，我带你走一趟。"

欲海情天又一转

于时，世尊犹如鹅王，上升虚空，至香醉山。将引难陀，左右顾盼。于果树下见雌猕猴，又无一目，即便举面直视世尊。

佛告难陀曰："汝见此瞎猕猴不？"白佛言："见。"佛言："于汝意云何？此瞎猕猴比孙陀罗，谁为殊胜？"答言："彼孙陀罗是释迦种，犹如天女。仪容第一，举世无双。猕猴比之，千万亿分不及其一。”

难陀照世尊所说，抓住了他的衣角。只见世尊就如鹅王似的，翩然飞起，翱翔在青山白云之间。难陀讶异着，欣喜地随着世尊飞翔在浩瀚无涯的虚空。只见鹿子母园越来越小，越来越远。所有尘世的烦恼缠绵，似乎也都随之远去了。

不一会儿工夫，到了香气袭人、花木扶疏的香醉山。难陀但觉耳目一新，四处浏览着宜人的景观。这时，一株果树下，有只瞎了一只眼的母猴，正朝世尊这里望着。

世尊慈祥地问难陀："你看到那只瞎猴子吗？"难陀点头说："嗯，看到了。"世尊接着问："你觉得它长得怎么样？比孙陀罗，哪个漂亮呢？"难陀听了，啼笑皆非地说："这怎么比啊！孙陀罗是高贵的释迦种姓，貌似天仙，仪态万千，实在是一代佳人。您怎么拿这只瞎猴子来比呢？您如果一定要问的话，那么这只瞎猴子实在连孙陀罗的千万亿分之一都不如啊！"

佛言："汝见天宫不？"答言："未见。""可更捉衣角。"即便执衣，还若鹅王，上虚空界，至三十三天。告难陀曰："汝可观望天宫胜处。"

难陀即往欢喜园、麁身园、婇身园、交合园、圆生树、善法堂，如是等处。诸天苑园、花果、浴池、游戏之处，殊胜欢娱，悉皆遍察。次入善见城中，复见种种鼓乐丝竹微妙音声。廊宇疏通，床帷映设。处处皆有天妙婇女，共相娱乐。

佛陀听了笑笑，接着问：“你到过天宫吗？”难陀摇头说：“没有。”于是佛陀又嘱咐他，捉好了衣角。随即，难陀又像方才那样，随着世尊飞了起来，真是好不快活。正飞得过瘾时，到了三十三天。

世尊对看得目瞪口呆的难陀说：“这里有不少美妙的景观，你不妨四处去走走看看。”

有了世尊这番话，难陀喜不自胜地各处逛去。一路浏览了欢喜园、婇身园、麁身园、交合园、圆生树、善法堂等处。只见天上这些园林里，尽是些奇花珍果；一处处天然的浴池，清澈见底，掩映在花木扶疏的园林里；天人天女们无忧无虑地玩乐着；真是满目春光，实在让人陶醉而流连忘返。

出了这片园林，难陀进入了善见城。只听仙乐飘飘，正是此曲只应天上有，人间哪得几回闻。其中的宫殿、回廊，自然也是别有一番气象。最引人遐思的，则是一处处浪漫优雅的床帐。天人天女们随处欢乐着，享受着。

难陀遍观，见一处所，唯有天女，而无天子。便问天女曰：“何因馀处男女杂居，受诸快乐。汝等何故，唯有女人，不见男子？”天女答曰：“世尊有弟，名曰难陀。投佛出家，专修梵行。命终之后，当生此间，我等于此相待。”

难陀闻已，踊跃欢欣，速还佛所。

其中有一处，最是不同。放眼望去，尽是一群婀娜曼妙的天女，却不见天子的身影。难陀忍不住好奇地问：“我看其他地方，都是天人和天女们快活地玩乐着。怎么你们这里只有天女，没有天子呢？”

天女们听了，其中一位嫣然地笑着说：“世尊有个弟弟难陀，随佛出家后，专志修行。命终后就会上生这里。我和这些姐妹们，就是等着服侍他的。”原本流连不忍去的难陀一听，乐得心花怒放，周身酥软，既兴奋又感动，跑回佛陀身边。

世尊问言：“汝见诸天胜妙事不？”答言：“已见。”佛言：“汝见何事？”彼如所见，具白世尊。佛告难陀：“见天女不？”答言：“已见。”“此诸天女比孙陀罗，谁为殊妙？”白言：“世尊，以孙陀罗比此天女，还如香醉山内，以瞎猕猴比孙陀罗，百千万倍不及其一。”

佛告难陀：“修净行者，有斯胜利。汝今宜可坚修梵行，当得生天，受斯快乐。”闻已欢喜，默然而住。尔时世尊便与难陀，即于天没，至逝多林（注）。是时难陀思慕天宫，而修梵行。

（注）旧称祇陀林，或者祇洹林。原本是逝多太子的园林，所以称为逝多林。后为须达长者（又称给孤独长者）买

下，建了精舍献给佛陀，所以又称为祇洹精舍。

这时候，世尊仍在原地安逸地坐着。看到欢欣雀跃的难陀，笑着问他：“你看到了那些殊胜美妙的景观了吧？”难陀兴高采烈地把所看到的一一说了出来。佛陀接着问他：“那些天女比起孙陀罗，究竟哪个漂亮呢？”难陀一听，毫不迟疑，大摇其头地说：“哎呀，孙陀罗比起那些天女，简直就像那只瞎猕猴了，实在是百千万分之一都不如啊！”

佛陀听了，笑着对难陀说：“你看，清修梵行就会有这等好处。现在你该知道，我不是无缘无故地把你骗来出家的吧！只要你坚定信心，好好修行，将来就能升天，享受无比的欢乐。”难陀听了，好不快活，终于心悦诚服地愿意随佛出家了。

于是世尊带着难陀，离开天宫，回到了他们清修的道场。从此，难陀思念着天堂的美妙，开始努力认真地修行了。

一样梵行两样情

佛知其意，告阿难陀曰：“汝今可去告诸比丘，不得一人与难陀同座而坐，不得同处经行，不得一竿置衣，不得一处安钵及著水瓶，不得同处读诵经典。”阿难陀传佛言教，告诸比丘。比丘奉行，皆如圣旨。是时难陀既见诸人不共同聚，极生羞愧。

佛陀知道难陀的心思，于是找来阿难，让他转告各个比丘，不要和难陀同座而坐，不要和他同处经行，也不要跟他同竿晒衣服，同处放钵盂、取水，甚至不要和他同处读诵经典。比丘们听了，如奉圣旨般地依教而行。

一向被人奉承惯了的难陀，如今每个人对他都不理不睬，甚至刻意地回避，实在是既难过又难堪。

后于一时，阿难陀与诸比丘，在供侍堂中缝补衣服。难陀见已，便作是念："此诸比丘咸弃于我，不同一处。此阿难陀既是我弟，岂可相嫌？"即去同坐，时阿难陀速即起避。彼言："阿难陀，诸馀比丘事容见弃，汝是我弟，何乃亦嫌？"阿难陀曰："诚有斯理，然仁行别道，我遵异路，是故相避。"答曰："何谓我道？云何尔路？"答曰："仁乐生天，而修梵行；我求圆寂，而除欲染。"闻是语已，倍加忧戚。

有一天，阿难和一些比丘们在供侍堂里缝补衣服。难陀看到了，顿时温暖起来，心想，这些比丘们嫌弃我，不理我；阿难是我堂弟，他总不会嫌我。被人冷落多时的难陀，总算见到了亲人，好生宽慰地朝供养堂走去，坐到阿难身边。

没想到阿难没等难陀坐下，也忙不迭地走开去。这时，难陀再也忍不住了，埋怨着："这些比丘们没原没故地不理我，也就罢了！你是我弟弟，怎么也躲着我？你们这是怎么回事啊！”

阿难说：“不错，你是我哥哥。可是我们现在却是各走各的，我们并非同道啊！所以你过来，我就走开，这是很自然的，并不足怪，你怎么埋怨我呢？”

难陀没好气地说：“你们把我从宫殿里弄出来，跟着你们住破庙，去托钵，又打坐又熬腿的，我都跟着你们做了，现在却说什么各走各的路，这算哪门子道理啊！”

阿难不急不忙地说：“事实如此啊！你为了生天享乐，所以打坐修行；而我们是为了涅槃清净，所以力除欲染。我们实在是不同路啊！”难陀听了，没有话说，心里比原先更为郁闷难过。

生天下地缘一念

尔时世尊知其心念，告难陀曰：“汝颇曾见捺洛迦不？”答言：“未见。”佛言：“汝可捉我衣角。”即便就执。佛便将去，往地狱中。尔时世尊在一边立，告难陀曰：“汝今可去观诸地狱。”

难陀即去。先见灰河，次至剑树粪屎火河。入彼观察，遂见众生受种种苦。或见以钳拔舌，捩齿抉目；或时以锯，刓解其身；或复以斧，斫截手足；或以牟矟镵身；或以棒打矟刺；或以铁槌粉碎；或以镕铜灌口；或上刀山剑树，碓捣石磨，铜柱铁床，受诸极苦；或见铁镬，猛火沸腾，热焰洪流，煮有情类。

难陀的起心动念，始终都在佛陀的观照中。这时候，佛陀就问他：“你见过捺洛迦（地狱）吗？”难陀听了，摇摇头说：“没有。”于是，佛陀又让他捉住自己的衣角。一眨眼工夫，他们到了地狱。同上次去天堂时一样，世尊叫难陀随意四处走走。

难陀好奇地走去，首先映入眼帘的，是条灰暗的河流，随后经过剑树粪屎大河。汹涌的河里满是屎粪，河的两岸是一株株插满了剑刃的树丛。一路走去，到处是惨不忍睹的酷刑。有的被铁钳拔舌，有的被敲落牙齿，有的被挖掉眼睛，甚至有的被锯子割解身体，或者被斧头砍断手脚，被铁钻镵身，还有的被带着利刺的棒子抽打，或者被铁鎚锤击得肉飞血溅，或者被烧得滚烫的铜浆、铁浆往嘴巴里灌，有的被扔上刀山、剑树，还有的被放在石臼里捣得血肉模糊，有的被绑在火烫的铜柱、铁床上，一个个被折磨得鬼哭狼嚎着。

见如是等受苦之事。复于一铁镬空煮炎热，中无有情。睹此忧惶，问狱卒曰：“何因缘故，自馀铁镬皆煮有情，唯此镬中空然沸涌？”彼便报曰：“佛弟难陀，唯愿生天，专修梵行，得生天上，暂受快乐。彼命终后，入此镬中。是故我今燃镬相待。”

难陀闻已，生大恐怖。身毛皆竖，白汗流出。作如是念：“此若知我是难陀者，生叉镬中。”即便急走，诣世尊处。

难陀一路看得手脚发软，只想尽快转身回去。又看到一个个大铁锅，煮着沸腾的水，水里翻滚着一些被煮得皮开肉绽的众生。其中有个铁锅，只见水煮得沸腾，里面却什么都没有。难陀忍不住好奇地走去，问锅边的狱卒："怎么其他锅子里都煮着一些受报的众生，唯独这个锅子只有水在翻滚着，里面什么都没有呢?"

狱卒听了，面无表情地说："释迦牟尼佛有个弟弟，叫难陀。他出家后，为了生天的福报，努力地修行打坐。等他将来升了天，享受过天堂的欲乐之后，就要下到这滚水里受报了。时间过得很快，要不了多久，他就会来了。所以我们在这里把水煮滚了等他。"

难陀听了，吓得浑身冷汗，想着："如果他们知道我就是难陀，很可能现在就把我往锅里扔了。"想到这里，禁不住两脚发软，拼了命地往回跑去。

佛言："汝见地狱不?"难陀悲泣雨泪，哽咽而言，出微细声白言："已见。"佛言："汝见何物?"即如所见，具白世尊。佛告难陀："或愿人间，或求天上，勤修梵行，有如是过。是故汝今当求涅槃，以修梵行。勿乐生天，而致勤苦。"难陀闻已，情怀愧耻，默无所对。

尔时世尊知其意已，从地狱出。至逝多林，即告难陀及诸比丘曰："内有三垢，谓是淫欲、嗔恚、愚痴。是可弃舍，是应远离，法当修学。"

回到世尊身边，世尊照例问他，看到了些什么。难陀还没开口，已经泪如雨下，泣不成声了，哽哽咽咽地，把所看到的说了出来。

佛陀听了，慈祥地说："难陀啊，你出家修行，不论是为了人世的功名富贵，或者是为了天上的欲乐享受，都会受到这样严重的果报。所以，今后你要好好发心，立志做到清净圆明，千万不要再贪求生天的欲乐了。"

难陀听了，惭愧得说不出话来。

佛陀知道难陀彻底悔悟了，于是又把他带出地狱，回到逝多林的祇园精舍，语重心长地对难陀以及其他在场的比丘们说："淫欲、嗔恚、愚痴是三种根本的染污，称为'三毒'。这是修行人必须特别注意并且努力去除的。"

从此，难陀老老实实地安下心来，规规矩矩地在逝多林开始了修行的生活。

尔时，世尊住逝多林未经多日。为欲随缘化亲生故，与诸徒众往占波国，住揭伽池边。时彼难陀与五百比丘，亦随佛至往世尊所，皆礼佛足，在一面坐。

时佛世尊见众坐定，告难陀曰："我有法要，初中后善，文义巧妙。纯一圆满，清白梵行，所谓《入母胎经》。汝当谛听。至极作意，善思念之。我今为说。"难陀言："唯然世尊，愿乐欲闻。"

几天之后，为了随缘度化，世尊前往占波国的住揭伽池边。难陀和五百位比丘追随同去。这些弟子们等世尊坐定后，非常虔诚地顶礼佛足，而后在世尊的身边盘腿而坐。

世尊等大家坐定后，对难陀说："我现在要讲些东西，从头到尾都很重要。里面的内容很有意思，而且和清净梵行有关。我要讲的就是《入母胎经》，生命进入母胎的经过，以及在母体里面的成长变化。难陀，这些主要是为你而讲，你要好好用心听啊！"

难陀诚诚恳恳地说："是。我一定好好用心地听。"

入胎与不入胎

入胎前的中阴身

期水的奥妙

不能入胎面面观

入胎风情

入胎前的中阴身

佛告难陀：虽有母胎，有入不入。云何受生入母胎中？

佛陀开始说了："虽然有个母体，但是有时候能够怀孕受胎，有时候不能。究竟怎么样才能进入母体受胎呢？"

若父母染心，共为淫爱，其母腹净，月期时至，中蕴现前。当知尔时，名入母胎。

"腹净"，指的是经期过后，而母体的生殖器官又没有感染，也没有其他疾病的状态。

"月期"，给人的第一印象是月经，事实上它指的是每个月的排卵期。后面，我们还会做详细说明。

"中蕴"，就是所谓的中阴身，又叫中有身。六道中任何一道的生命结束后，还没有再转生到六道中的任何一道时，这一段的生命状态统称为中阴身。

现在，我们看一下这段经文。它说，假使女性的经期过了，又正好是排卵期，这个时候，父母两人动了情欲，进行房事，而准备投胎的中阴身恰好现前，这就入胎了。

讲了入胎的大原则后，释迦牟尼佛接着对中阴身又做了些介绍。

此中蕴形，有其二种。一者形色端正，二者容貌丑陋。

地狱中有，容貌丑陋，如烧杌木；傍生中有，其色如烟；饿鬼中有，其色如水；人天中有，形如金色；色界中有，形色鲜白；无色界天元无中有，以无色故。

中阴身的相貌大致分为两大类：一种形色端正；一种容貌丑陋，有时候就像烧焦了的扭曲的木头似的。

如果是堕为畜生的中阴身，则经常像水肿似的；转生人道、天道的中阴身，往往带着金黄色的光；至于上升色界天的中阴身，就非常鲜白；如果上生再高层的无色界天，它的中阴身就看不到了，因为无色界本来就是没有形相的。

中蕴有情，或有二手二足，或四足多足，或复无足。随其先业，应托生处，所感中有，即如彼形。

这些中阴身，有的是两只手、两只脚，有的是四只脚或者很多的脚，也有的是没有脚。随着每个生命先前所造的业因，应该转生到哪个业道，这个中阴身就会呈现那个业道的生命的影相。

若天中有，头便向上；人、傍生、鬼，横行而去；地狱中有，头直向下。

如果因善业所感，转生天上，中阴身就头朝上地上升而去；如果转生为人，或者畜生，或者饿鬼，这些中阴身就横身而去；如果下堕地狱，中阴身就头朝下地向下而去。

凡诸中有，皆具神通（注），乘空而去。犹如天眼，远观生处。言月期至者，谓纳胎时。

（注）指中阴身的相似神通。由于业力所限，不能完全自主。有时自然呈现，有时不起作用，所以和修炼所得的神通不同。严格说，只有成了佛，得了第六通——漏尽通，才算是真正的神通。没有得漏尽通之前，即使修炼而得的天眼通、天耳通、他心通、宿命通、神足通等，都只能算是五种通力，或者简称为五通。此处译为“神通”，是方便说法。

不论哪一种中阴身，它们都有通力，随着业力所感，乘空而去。丝毫不受山河大地，或者房屋墙壁等有形物质的阻隔。

它们同时具备了如天眼般的特异功能，即使相隔万里，也能感应到跟自己有缘的一些受胎机会。因此，如果有个女人的排卵期到了，她身边就会涌集着来自各地等着入胎的中阴身。

期水的奥妙

难陀，有诸女人，或经三日，或经五日、半月、一月，或有待缘，经久，期水方至。

这里所谓的“期水”，相当于现代西医所谓周期性分泌的女性荷尔蒙。不论卵巢排卵，或者排卵后子宫的受孕准备，都受体内女性荷尔蒙的影响。

我们知道，荷尔蒙（Hormone）又称为激素或内分泌素，是一种分泌物，也可以说是一种体液。由一些无道管的腺体分泌，直接进入血液，流经全身，能够控制并调节各器官的生长及功能。这是现代医学近百年才有的发现。

两千五百年前，释迦牟尼佛当然不会用现代医学的术语，但是他提出了“期水”这个名词。其中的“水”，正好符合了现代医学对荷尔蒙液体状态的认定；至于“期水”两个字里的另一个字——“期”，则恰恰点出了女性荷尔蒙的“周期性”变化。

简简单单的“期水”两个字，如此精要地诠释了荷尔蒙的性质和在受孕过程中的关键作用。我想，无论中医、西医，都要对此叹为观止了。

为了解释上面这段有关“期水”的经文，为了对影响受孕的荷尔蒙有比较详细的认识，我们先看看目前西医对母体受孕的一些研究成果。

一　卵子

我们知道，胎儿由受精卵发育而成。所以，首先让我们看看卵子。

每个女婴出生时，卵巢内有好几百万个原始卵巢滤泡(Primary Folli Cle)，简称卵泡。以后部分会退化，到青春期开始时，大约还有三十万至四十万个。到了女子停经期，就只剩下寥寥可数的几个卵泡了。

女性在发育成熟，能够生育的期间，每个月经周期，都有十数个卵泡同时增长。它们生长、发育的程度不同。每个周期中，通常只有一个卵子发育成熟；有时，也有两个或两个以上的卵子同时成熟。

二　女性荷尔蒙

除了卵子，另外一个受孕的关键，就是女性荷尔蒙。如果只有卵子，而女性荷尔蒙分泌不足的话，那么我们也只有“望卵兴叹”了，因为它是不可能受孕的。

“荷尔蒙”是照英文（Hormone）翻音过来的用词。它的中文意译，又叫“激素”。女性荷尔蒙是一个统称，它包含了几种不同作用的荷尔蒙，分别促使卵子成熟、子宫受孕，以及第二性征的发育。

为了对这本经里的“期水”与受孕的关键有比较透彻的认识，我们有必要对女性荷尔蒙做个大概的介绍。它的分泌，大致可以划分为两个时期。

（一）卵泡期（Folli Cular Phase）：这时期所分泌的荷尔蒙，主要功能是促使卵子成熟。

每个月月经期过后，脑下垂体前叶分泌滤泡刺激素（Follicular Stimulating Hormone，简称 FSH）。这种荷尔蒙经脑下垂体分泌后，直接进入血液，促使卵巢内卵滤泡的生长和发育。

当卵滤泡生长发育时，卵巢又分泌一种荷尔蒙，叫做雌激素（Estrogen）。同样的，也是直接进入血液循环，进而促使子宫内膜增厚，子宫壁的腺体和微血管的数目也同时增加。

（二）黄体期（Lutein Phase）：这个时期所分泌的荷尔蒙，主要功能是使子宫适于受孕。

大约每个月经周期的第十四天左右，也就是排卵之后，脑下垂体前叶又分泌一种女性荷尔蒙，叫黄体生成激素（Luteinizing Hormone，简称 LH）。这种荷尔蒙直接进入血液，刺激卵滤泡中黄体（Lutein）的增长。这时候卵巢则分泌出第二种的卵巢荷尔蒙，这就是妊娠激素，又称为黄体素（Progesterone）。

黄体素配合前一段时期，也是由卵巢分泌出来的雌激素，在子宫内膜相互竞争，使子宫内膜更加增厚，腺体和微血管的数目更加增多，子宫腔腺素的分泌也随着增加。这时，子宫内膜更厚，更软，更温润，血液供应更丰富，为受精卵的着床，做好了温暖、舒适而又丰盛的准备。

三　女性月经周期

对于卵子和女性荷尔蒙有了一点概括的认识之后，我们再看看女性的月经周期。

每个月经周期大约二十八天，分成三期。

（一）增殖期

这个时期，卵巢内的卵泡成熟，排出卵子，释放到子宫。所以，又称为卵泡期。大约相当于月经期的第四至第十四天。（子宫出血作为第一天。）

卵泡成熟过程中，分泌雌激素，使上次月经后的子宫内膜修复、增生，子宫内膜血管、腺体增多。

（二）分泌期

大约是月经周期中的第十五天至第二十八天。这时，卵巢内形成黄体，又称黄体期。黄体分泌的妊娠激素，配合前一时期卵巢分泌的雌激素，使子宫内膜显著增生，血管增多，腺体高度分泌。

（三）月经期

周期中的第一至第四天左右。如果卵子没有受孕，黄体很快就萎缩，雌激素和妊娠激素分泌减少，于是子宫内膜蜕变、脱落，血管破裂、出血，形成月经。

整个周期多数为一个月左右，但也有极少数的例外。有些女性每两个月才有一次月经，也有的四十多天一个周期，甚至三个月，乃至一年才出现一次生理周期。

所以通常情况下，每个月一次月经的话，那么在月经的第三至第五天之后，雌激素开始分泌。

现在让我们回头看看，两千五百年前，没有任何医学研究仪器时，释迦牟尼佛是怎么说的。

原经文说：“有诸女人，或经三日，或经五日、半月、一月，或有待缘，经久，期水方至。”

这段话翻译成白话就是：有的女人或许经过三天，有的或许经过五天，也有的或许经过半个月，或者一个月，甚至不定期，过了很久，各方面条件具足了，“期水方至”，才有周期性的内分泌。

《入胎经》这一段，对于女性荷尔蒙与受孕的关键，当然不如现代医学讲得精细。但是，远在两千多年前，对于生命受胎的基本概念的掌握，却让人不得不肃然起敬。

我们如果借用现代医学常识，把这段经文略作引申，那就是：月经经期的第三天，或者再过几天，女性荷尔蒙又开始周期性的分泌。但也有例外，或许经期的半个月之后，或者一个月之后，或者要经过很久，女性荷尔蒙才再度分泌。

下面，释迦牟尼佛继续说：

若有女人，身无威势，多受辛苦，形容丑陋，无好饮食，月期虽来，速当止息。犹如干地，洒水之时，即便易燥。

“身无威势”，什么意思呢？中国古时候，宦官被割去生殖器，叫做“去势”。在中国古文里，“势”有时也象征着性能力；如果用现代话来说，也可以说是第二性征的态势。

一个女性，如果女性荷尔蒙不足，那么第二性征的发育就会受到影响，胸部平坦，臀部窄小，看起来，就显得女性的气势不足，这就是“身无威势”。

如果一个女性的女性荷尔蒙不足，而相对的，男性荷尔蒙偏高，那么她的皮肤很可能会显得粗糙，脸上甚至会长出胡须，体毛也比较多，骨骼粗大，甚至有喉结，声音往往也显得比较粗阔。总之，缺乏女性原有的柔润之美，所以经文这里说她“形容丑陋”。

由于内分泌系统不是维系生命的最主要器官，所以，一旦我们面临外在的刺激或压力，这个系统最先受到影响，甚至于关闭。因此，如果一个女性过度辛劳，或者极度的营养不良，女性荷尔蒙都会受到影响而分泌减少。所以说“月期虽来，速当止息”。这个“月期”，指的就是周期性分泌的女性荷尔蒙。虽然有分泌，但是很快就停止了。“犹如干地，洒水之时，即便易燥。”就好像一块干燥的土地，即使洒了一点水，很快就又干了。

若有女人，身有威势，常受安乐，仪容端正，得好饮食，所有月期，不速止息。犹如润地，水洒之时，即便难燥。

相反地，如果一个女人“身有威势”，女性荷尔蒙充足，“常受安乐”，生活环境以及心理状态都很舒适、快乐，“仪容端正”，长得健康饱满，“得好饮食”，营养充足。那么，“所有月期，不速止息”，女性荷尔蒙充足，不会分泌一点就停止。“犹如润地，水洒之时，即便难燥。”就好像一片润泽的土地，水洒在上面，不会马上干掉。

释迦牟尼佛把决定生育的最关键的因素——女性荷尔蒙，做了大概的介绍，然后又不厌其详，继续叙述不能受孕的另外一些状况。

不能入胎面面观

云何不入？

为什么不能入胎呢？

佛经上所说的入胎，就是现代医学术语的受孕。

父精出时，母精不出。

这里的“母精”，是指母体的卵子。父亲射了精，释放了精子，而母亲当时没有排卵，或者体内根本没有卵子。

母精出时，父精不出。

所谓“父精不出”，用现代医学语言加以解释的话，有下列几种状况：

1. 阳痿，性无能，不能勃起，也无法正常射精。

2. 虽然射精，但精液中精子的浓度不够。

3. 虽然射精，但精液中没有精子。

遇到这几种状况，即使母体排了卵，仍然不会受孕。

若俱不出，皆不受胎。

当然，如果男性没有射精，或者精子的浓度不够，或者根本没有精子，而女性又没有排卵，那么就更不可能受孕了。

若母不净，父净；若父不净，母净；若俱不净，亦不受胎。

这里的“不净”，主要是指生殖器官的各种感染或者疾病。

如果父亲方面健康无病，而母亲方面有感染；或者母亲方面健康无病，而父亲有感染；或者父母双方都有毛病，那么就不能受孕。依照现代医学论据，这些情况下即使受孕，婴儿也很可能会有先天性的各种缺陷。

若母阴处，为风病所持；或有黄病痰癊；或有血气胎结；或为肉增；或为服药；或麦腹病、蚁腰病；或产门如驼口；或中如多根树；或如犁头；或如车辕；或如藤条；

或如树叶；或如麦芒；或腹下深；或有上深；或非胎器；或恒血出；或复水流；或如鸦口，常开不合；或上下四边，阔狭不等；或高下凹凸；或内有虫食，烂坏不净；若母有此过者，并不受胎。

这一大段，是叙述妇科的各种疾病。如果母体有上面任何一种毛病，都无法受孕；即使受了孕，也会流产，或者导致胎儿其他先天性的缺陷。

这本经典是一千多年前的文字，而且又从梵文翻译过来，当然对这些妇科病的叙述就显得古怪。但是，我们仍然能够透过这些文字，大略推测出这些妇科病究竟何所指。譬如：

1. 风病：照中医理论，“阴虚生风”，阴部会有非感染性的瘙痒。这种情况下，所谓的“阴虚”，也就是肾水不足。照西医说法，关系到女性荷尔蒙的分泌不足。譬如停经后的妇女，有时阴部就有非感染性的瘙痒。在这种女性荷尔蒙不足的阴虚情况下，当然就不可能受孕了。

2. 黄病痰癊：黄带。

3. 血气胎结：相当于现在西医所谓的子宫内膜异位。

4. 肉增：息肉。

5. 服药：两千多年前，印度或许就有避孕或者堕胎之类的药。这个“服药”，也可能指服用药物而引起的副作用，影响到“宫寒”或者女性荷尔蒙的分泌，以致影响到受孕。

6. 产门如驼口：这里的产门，应指子宫口。子宫口轻度脱垂，看起来就好像驼口。

7. 如犁头：子宫完全脱垂，看起来就像犁头。

8. 中如多根树：子宫肌瘤。

9. 如藤条，如树叶：子宫肌瘤。

10. 腹下深：子宫下垂。

11. 恒出血：子宫出血。

12. 如鸦口：子宫口不合。

13. 内有虫食，烂坏不净：子宫颈糜烂。

其中还有些语意不十分明确的妇科病，我们就不妄加推测了。

上面是释迦牟尼佛讲述的生理方面不能受孕的一些病症，其中许多与现代医学的论据吻合。

下面释迦牟尼佛继续叙述的，则超出了现代医学的验证范围。换言之，这也是现代医学或其他有志于身心科学的研究者所面临的一个挑战——如何把生命的本质、功能以及各种现象，加以现代科学化的验证，并提出客观的、数据性的报告。

生命究竟怎么回事？

从时间而言，有没有轮回？

从空间而言，有没有六道？除了肉眼所见，以及目前人类所发明的仪器所观察到的，究竟有没有他方世界的存在？有没有天堂？有没有地狱？

生命的能量是否无限？

生命的物质状态，有可能青春永驻吗？有可能长生不死吗？

生从哪里来？死往哪里去？

有灵魂的存在吗？怎么投胎转生的呢？这点恰好就是释迦牟尼佛在这本经典里所要阐述的。

现在让我们再看看，释迦牟尼佛对现代医学还无法验证的不入胎情况所做的论述。

或父母尊贵，中有卑贱；或中有尊贵，父母卑贱。如此等类，亦不成胎。

或者父母是受人尊敬的，高贵的，而等着入胎的中阴身是卑贱的；或者父母是卑贱的，而等着入胎的中阴身却是尊贵的。双方的格局、运势、因缘配合不来，那么，就不能受孕成胎。

若父母及中有俱是尊贵，若业不和合，亦不成胎。

又假如父母和等着入胎的中有都是尊贵的，但其他的一些业缘配合不来。譬如，这对父母应该有孝顺的孩子，可是等着入胎的中阴身却是他们的冤家，不会孝顺他们，那么，也不会入胎。

若其中有，于前境处，无男女二爱，亦不受生。

如果等着入胎的中有，没有碰到男女两性的做爱，那么，也无法受孕成胎。

入胎风情

难陀，云何中有得入母胎？

那么，中阴身怎么样才能进入母胎呢？

若母腹净，中有现前，见为欲事，无如上说众多过患，父母及子，有相感业，方入母胎。

如果母体不在月经期中，而且没有任何妇科毛病；进行两性关系时，正好中阴身现前；而父母双方又都没有上面说的各种缺陷；同时，父母和等着入胎的中阴身，又有相互对应的业缘，那么，这个中阴身才能入胎。

又彼中有欲入胎时，心即颠倒。若是男者，于母生爱，于父生憎；若是女者，于父生爱，于母生憎。

于过去生所造诸业，而起妄想，作邪解心。

中阴身在就要入胎的时候，会产生一些颠倒的妄想。如果投胎为男的话，那么就对母亲产生爱欲，而讨厌父亲；相反，如果投胎为女的话，就对父亲产生爱欲，而厌憎母亲。

由于过去多生的业缘，碰到这对男女交合时，这个中阴身就生出更进一步的邪念、妄想。

今按：

（1）这种心理状态的叙述，和西方弗洛依德的性心理学有相近之处。

所不同的是，弗洛依德的性心理学是透过梦的解析，往前追溯到两三岁的婴儿时期。认为男婴基于下意识的两性关系，对母亲有好感；同样的，女婴则基于下意识的两性关系，对父亲有好感。至于胎儿时期的心理状态，弗洛依德，乃至整个西方心理学都还无法触及；更不要说生命入胎前的这一段了。而释迦牟尼佛的观察，则是透过实证的如实知、如实见而来，从生到死、从死到生地照顾到每一个环节。

（2）这段经文里，所谓“而起妄想，作邪解心”，讲得非常含蓄。在其他经典，譬如《中有论》中，专门叙述中阴身的变化与转生，对这一段就讲得比较具体。如果中阴身就要投胎为女的话，这时候眼前所看到的，就是男性的生殖器；同时，这个中阴身生起了很强的欲念。紧接着，一点动随万变，她不再看到什么男女的交合，强烈的欲念使得她完全投入，在她的世界里，她已经如醉如痴地取代了原来的女主角。随着这一念性欲，配合上父母方面的增上缘（前面说过，各种可以入胎的条件），这个游魂似的中阴身就钻进了娘胎，和受精卵搅在一起。生命的精神状态就又和物质结合在一起，又开始了一段有血有肉的生命历程了。

这就是欲界生命入胎的欲念境界，也就是分段生死开端的一念根本无明。

(3) 广义来说，整个中阴身就是一团“无明”。由于无明，所以生命那股运“行”不息的动力，就处在“行阴”的境界。

中阴身的生命状态，就像处在梦中。一段梦境出现，不一定持续多久，糊里糊涂、莫名其妙地又转成另一段梦境。这分分秒秒奔流不止的业气，就由于“行阴”的滚动，配合着无始以来“识阴”所夹带的各种种子，不停地流转着。

不但中阴身，即使我们现有的这个生命，生理方面的生、老、病、死，甚而细胞的新陈代谢，乃至心理方面的思潮起伏，念头生灭，也都受着“行阴”的笼罩和影响。打起坐来，杂念纷飞，不能静止，不能气住脉停，都跟它有密切的关系。

在凡夫而言，这是行阴；但是在圣人而言，却正是“天行健，君子以自强不息”的一股奋发的动力。

所谓“因地而倒，就地而起”，经过身心修炼，跳出三界，不受这股生死业力的牵制，而能自由自在、任意往生的神通妙用，同样也是靠这股“行”的力量的发挥。

(4) 如果配合欲界生命的十二因缘来说，“无明”的中阴身，缘借“行”阴的运转，夹杂着的“识”阴，感应到男女的交合。一刹那，几乎同时，这个中阴身燃起了非常强烈的欲念，这也就是阿赖耶识，无始以来所夹带的爱欲的种子。紧接着，由这一念种子的带动，又浑浑噩噩地涌现出一连串其他杂七杂八的种性。

用生命的十二缘起来简单归纳的话，这一段就是“无明缘行，行缘识”。接下来，这个生命又进入什么境界呢？

现在让我们看看《入胎经》下面怎么说的：

生寒冷想，大风大雨及云雾想，或闻大众闹声。

作此想已，随业优劣，复起十种虚妄之相。

云何为十？我今入宅，我欲登楼，我升台殿，我升床座，我入草庵，我入叶舍，我入草丛，我入林内，我入墙孔，我入篱间。

这时，由于各人阿赖耶识所含藏的各种不同种子的配合，有些生出寒冷的感受，有些呈现大风、大雨的境界，也有些出现一片云雾，或者听到很多人的吵闹声。

这些境界呈现之后，为了避寒，为了躲风、躲雨，或者为了逃避喧杂的吵闹声，随着各人业力的不同，马上又出现一些虚妄的境界。譬如：躲进屋去，走上楼去，走上殿堂，坐上高位，躲进一间草屋，躲进树叶搭起的小棚，钻进草丛，躲到树林里，钻进墙孔，穿入篱间。

今按：

（1）从这一段我们可以看到，所谓“心生种种法生”。随着男女欲念的起动，阿赖耶识中“色法”的种子蠢蠢将动。譬如经文上说“生寒冷想”，这就是“火大”的变化；“大风大雨及云雾想”，则是“风大”、“水大”的变化；“或闻大众闹声”，则为“风大”配合“地大”的变化。

所以，这一段也可以说是精神世界要转入物质世界，精神就要跟物质结合的一个最初的临界。

(2) 如果要更进一步探讨这个问题，那就涉及《楞严经》所谓的“性空真火，性火真空”，“性空真风，性风真空”，“性空真水，性水真空”，以及“性空真地，性地真空”等。这是一个大问题，也是生命科学里一个终极的核心问题——生命究竟是唯心？还是唯物？精神力量为第一因，主导一切？还是物质基础为最根本的原动力？先有心？还是先有物？心物又是怎么结合的？这些实在不是三言两语能说清楚的。我们这里暂时提出问题，以后再作讨论。

这一段是中阴身入胎的关键处，现在让我们回到经文，继续看下去：

难陀，其时中有作此念已，即入母胎。

这些境界虽如梦幻，但是只要心念随之而转，神识就入了胎。

今按：

(1) 随各人业力的不同，所呈现的境界不同，受胎的果报也不同。如果境界呈现的是上楼，或者坐上高位，那就是出生好的家庭；如果在这个境界里，进了草屋，那就很可能投生贫穷的家里；如果是进了草丛或者树林，那多半就转入畜生道了。

（2）曾经有个修行人，有一次在坐中出了阴神，沿着斋房后面的小路，往林子里走。一路走去，就是平常散步的小径。再往前走去，是平常没有进去过的地方，那里有座房屋，大红色的门。他看得奇怪，这个大红门是从前一直没见过的，到底怎么回事？于是好奇地走上前去，开了红门帘，往里探头一看，有个女的躺在床上，张着两腿，正在生孩子。

这个修行人一看，陡的一惊，觉得自己太不规矩，赶紧缩回身子。里面一个产婆模样的妇人，看到他，笑嘻嘻地招呼他进去，他却怎么也不肯，急急忙忙地赶紧往回走。

这么一急，回过神来，自己竟然在屋里打坐。

回想方才的境界，不像一般的妄想。下了座，往屋后那片林子走去。沿着平常散步的那条小路，清清楚楚，方才出神时所走的，就是这里。路的尽头，挡着竹篱，平常不让人进去的，所以他一向也不往里走。但是，由于刚才坐中的境界实在奇怪，所以这次他就继续往里走。守园子的人看见，大声叫嚷着，怎么也不让他进去。理论了半天，后来他把打坐中奇怪的境象说了出来，那个人总算勉强放行。进了竹篱，沿着小路继续走，哪里有什么大红门的屋子，那个地方正好是个猪圈。听守园的人说，方才母猪生了窝小猪，其中一只生下来就死了。

这个修行人听到这里，吓得一身冷汗。修行这么多年，差点变成了猪。要不是当时心存正念，如果对着女人的下体，动了一丝邪念；或者昏头昏脑的，被产婆拉进房里寒暄，那么他就钻进母猪肚子里了。

这是近代人的一则公案，发生在抗战时期。由此，我想到古德大师曾经说过，修行人常以入无想境界为满足的话，来生果报很可能会是猪。

(3) 从前述公案来看，更让我们警惕于修行的艰难，和平常起心动念的不可轻易。所以，多年来怀师一再强调，修行最重要的，在于“心理结使”的解脱。而般若宗的代表性经典《金刚经》，在修持方法上，也强调“善护念”的重要。

(4) 至于密宗“六成就”的修法，更基于这个认识，提出了非常具体而次第分明的修证体系。第一步，是修气修脉的“灵热成就”，身体的气脉修通了，这是色身方面的基础功夫。

第二个，“幻观成就”的修持，是心理上把所有的外境，乃至个人身心，都看成虚幻的假相。它的妙处，就在于透过这个观法，“心理结使”很自然地，比较容易转薄而转化。

然后是第三步的“梦成就”，夜以继日，在梦境中继续照顾心念，使得念念清明，进而转变心念，甚至于转变梦境。否则，梦境都无法转的话，生死来时，又怎么解脱！（从佛学观点来看，睡梦是个小生死。）严格说，“梦成就”之后，进而醒梦一如了，白天才真正进入如梦如幻的“幻观成就”。

第四，是身心清净的“净光成就”。

有了前面这些基础，然后才可能达到下面的“中阴身成就”，或者“颇哇成就”（转识成就），临终时依仗佛力、他力，往生他方佛国。

如果没有前面那四步身、心两方面的扎实根基，单独专心修持中阴成就或颇哇法，生死到来时要想有把握，那是很困难的。

经过这一步步的真修实证，生死来时才能够做得了主。

一般显教攻击密宗，认为太重视气脉，太执著色身。但是，从“六成就”的修证次第，我们可以看到，密宗只是以气脉成就为基础，主要重心仍然在于心性的解脱。同时，我们也可以更明确地体认到，身心的相辅相成，以及修持的不可躐等。

应知受生，名羯罗蓝。父精母血，非是馀物。由父母精血，和合因缘，为识所缘，依止而住。

“羯罗蓝”是梵文的翻音，又译成“凝滑”或“父母不净和合”，指受精卵第一个七天的阶段。

“为识所缘”，中有的神识由于前面的动念，入了胎，与受精卵结合，这就是生命十二缘起中的“识缘名色”。从方才精神世界中的物理成分，进一步与物质世界结合。

“为识所缘，依止而住”。这几个字很有意思。我们知道，缘有四种：亲因缘、所缘缘、等无间缘、增上缘。现代医学把受精卵当成生命发育、成长的根源。但是，从佛学观点来看，这个受精卵只是“去后来先作主公”的阿赖耶识所缘的缘。由于阿赖耶识“执藏”的特性（也是根本无明所在），就把这一小颗受精卵当成自己，“依止而住”。从此，执著于这一小块胚胎的成长、发育，又开始了一个分段生死的过程。

古今中外，几乎所有的人类，都把这段生命认为是神圣的，珍贵的，乃至无价的。但是，在佛的眼中看来，它只是一些因缘凑合，在某段时间、空间里存在、变化的现象。因此，释迦牟尼佛继续说：

譬如依酪、瓶钻人功，动转不已，得有酥出，异此不生。当知父母不净精血，羯罗蓝身，亦复如是。

释迦牟尼佛拿酥油的形成，来作比方。当时印度制造酥油，是把牛奶倒进锅里，然后加进一小块乳酪，一边煮，一边不停地搅动，经过一段时间，把它倒进桶里。等它冷了，将上面一层凝结的皮拿出来再提炼，就炼出酥油。其余的，再经过加工就成为乳酪。所以，酥油是由鲜奶掺上乳酪，经过提炼而产生的。

原先的父精、母卵，和后来附了神识的胚胎（这里又称为羯罗蓝身）的关系，也是如此。这个最初期的分段生命，就是各种因缘聚合所产生的一种现象。

复次难陀，有四譬喻，汝当善听。如依青草，虫乃得生。草非是虫，虫非离草；然依于草，因缘和合，虫乃得生，身作青色。难陀当知，父精母血，羯罗蓝身亦复如是。因缘和合，大种根生。

恐怕难陀还是弄不清楚，释迦牟尼佛接着又打了几个比方。

首先拿草虫作例子。那些草虫，因为依附了青草，才生长起来。青草并不是虫子的生命，但是草虫却依赖着青草这个助缘，才能生存。而且，由于以草为生的原因，所以身子往往就像青草的颜色一样。又譬如菜里面的小虫，往往也是像菜一样的颜色。

羯罗蓝身和父精、母卵间的关系也是一样，借着父精、母卵的因缘和合，发展出一段新生命的四大、六根。

如依牛粪生虫，粪非是虫，虫非离粪；然依于粪，因缘和合，虫乃得生，身作黄色。难陀当知，父精母血，羯罗蓝身，亦复如是。因缘和合，大种根生。

又好比牛粪生出的虫。牛粪当然不是虫，但是离开了牛粪，也就没有这个虫。必须依附牛粪，因缘凑合，才生出虫来。这种虫的颜色，就接近牛粪的颜色。

释迦牟尼佛举了这个例子，继续对难陀说，父精、母卵和这个小胚胎的关系，也是如此。有了父精、母卵，再加上中有的神识，以及各种因缘的配合，才生出了一段新的生命。

如依枣生虫，枣非是虫，虫非离枣。然依于枣，因缘和合，虫乃得生，身作赤色。难陀当知，父精母血羯罗蓝身，亦复如是。因缘和合，大种根生。

又譬如枣子生虫，枣子不是虫，但是离开了枣子，就生不出这个虫。这种虫的颜色，就类似枣子，是红色的。

父精、母卵和羯罗蓝身的关系，也是如此，由于各种因缘的聚合，才有这一段新的生命的开始。

如依酪生虫，身作白色。广说乃至因缘和合，大种根生。

好比乳酪生的小白虫，也是同样道理。事实上，所有的生命现象，都是因缘聚会而来。

复次难陀，依父母不净羯罗蓝故，地界现前，坚鞕为性；水界现前，湿润为性；火界现前，温煖为性；风界现前，轻动为性。

由于胚胎是借由父母的精子、卵子而来，所以这个新的生命就蕴藏了如同父母所有的地、水、火、风这四大的性质。

所谓地大，是坚实的生理结构。譬如骨骼、肌肉。水大，则是湿润的、呈现液体状态的生理部分。譬如血液、淋巴、荷尔蒙，以及其他体液；火大，指温暖的生理功能。譬如所呈现出的体温；风大，则是具有轻、动特质的生理机制。主要指身体内部的气机，同时也包括了吸入的氧气，以及呼出的二氧化碳。

难陀，若父母不净羯罗蓝身，但有地界，无水界者，即便干燥，悉皆分散，譬如手握干麸灰等。

如果由受精卵而来的羯罗蓝身，只有地大而没有水大的成分，那么，就会干燥地分散开来。好像用手握着一把干面粉，怎么也捏不到一起。

若但水界，无地界者，即便离散，如油渧水。

如果只有水大，没有地大，那么，就会流散。好比油滴在水上，怎么也不可能凝聚起来。

由水界故，地界不散；由地界故，水界不流。

由于水大的作用，地大才能凝聚在一起；相对的，由于地大的作用，水大才不会流散。

难陀，羯罗蓝身有地水界，无火界者，而便烂坏，譬如夏月，阴处肉团。

难陀，羯罗蓝身但有地水火界，无风界者，即便不能增长广大。

初期的胚胎（也就是这里所谓的羯罗蓝身）如果只有地大、水大的成分，而缺少火大的功能，它就会像夏天里放在阴暗处的一块肉，很快就烂了。

如果初期的胚胎具备了地大、水大、火大等成分，但是缺少风大的话，这个胚胎就不会成长。

此等皆由先业为因，更互为缘，共相招感，识乃得生。地界能持，水界能摄，火界能熟，风界能长。

四大的成分、结构，乃至日后的发育、成长状况，都由各个生命先前所造作的业因而来。而后，四大之间，乃至身心之间，又相互为缘，相辅相成地形成了新的生命。

归纳来说，地大有把“持”的性能；水大有收“摄”的作用；火大能帮助发育成“熟”；风大则促使成“长”。

难陀，又如有人，若彼弟子熟调沙糖，即以气吹，令其增广，于内虚空，犹如藕根。内身大种，地水火风，业力增长，亦复如是。

释迦牟尼佛不厌其详地继续为难陀作解说。

他说，难陀啊，又譬如吹糖人的师徒，技术很好，很会调制糖浆，他们能用特制的糖浆吹出里面是中空的各种形状的东西，就好像里面是中空的莲藕那样。四大所构成的我们这个生命，也是同样的原理，借着父精、母卵的物质基础，以及自己所挟带的业气，相互为缘，渐渐成长。

难陀，非父母不净，有羯罗蓝体；亦非母腹，亦非是业，非因非缘，但由此等众缘和会，方始有胎。

难陀，并不是有了父精、母卵，就一定会形成有生命的胚胎；也不是因为有了子宫，就一定能孕育新的生命；同时，也不是因为阿赖耶识挟带了各种善业、恶业的种子，就能形成新的生命。

一个新的生命，是必须上面所说的各种因缘凑合了，才会产生。

如新种子，不被风日之所损坏，坚实无穴，藏举合宜，下于良田，并有润泽，因缘和合，方有芽茎，枝叶花果，次第增长。

难陀，此之种子，非离缘合，芽等得生。

譬如一颗新的种子，没有被风吹日晒所损害，也没有受到其他的损伤，保存得很好；把它种到一块好地上，同时定期浇水。在各种条件的配合下，这颗种子才会发芽，长出枝叶，然后开花结果，不断地成长。

总之，一颗种子如果没有其他因缘的配合，是不会发芽的。

如是应知，非唯父母，非但有业及以余缘，而胎得生。要由父母精血，因缘和合，方有胎耳。

由此，我们可以知道，并不是父母两个结合，就会有新的生命；也不是有了中阴身，业识种子就能入胎。必须要父精、母卵，再配合各种因缘，才会产生新的生命。

难陀，如明眼人，为求火故，将日光珠置于日中，以干牛粪而置其上，方有火生。

如是应知，依父母精血，因缘合故，方有胎生。

释迦牟尼佛这里又拿印度当时的取火方式，来打比方。

他说，难陀啊，好比要取火的话，就要把日光珠（凸透镜）对着阳光，放在干的牛粪上，过一段时间，才会生起火来。

同样的道理，我们要知道，父精、母卵还需要其他因缘的配合，才可能受孕成胎。

父母不净成羯罗蓝，号之为色受想行识，即是其名，说为名色。

中有的神识一旦入胎，这颗小小的受精卵已经不单纯是生理细胞的组合，它同时和合着意识方面的活动。一个新的生命，在母体里形成了。

这颗小小的胚芽，照佛法的分析、归纳，已经具备了我们这个世界的生命的五种要素：色、受、想、行、识。

在色、受、想、行、识里面，色是指物质、生理部分，看得见的，譬如胚芽的细胞、组织。其余的，受、想、行、识是看不见的，属于精神、意识层面的，我们可以把它一起归纳为“名”。于是，佛法就把胚芽、胚胎这段生命，统称为“名色”。也因此，中阴身入胎，进入受精卵这个过程，在十二缘起里，就称它为“识缘名色”。

现在回过头，看前面这段原文，释迦牟尼佛继续对难陀说，父精、母卵所结合成的羯罗蓝，具备了色、受、想、行、识这五种生命的现象与功能。色、受、想、行、识归纳起来，又可以叫它为“名色”。

此之蕴聚可恶，名色托生诸有，乃至少分刹那，我不赞叹。何以故？生诸有中，是为大苦。

色、受、想、行、识又叫“五蕴”。蕴，有聚集的意思。欲界、色界的生命，是由这五种因素聚合而来。这“五蕴”里面，包含了很多阴暗面，障碍了自性的光明，所以又叫“五阴”。

由于“五蕴”、“五阴”的聚合，形成了痛苦、烦恼的生命，所以这里说“蕴聚可恶”。

现在我们接下来看这段原文的第二句，“名色托生诸有”。

这个“名色”，我们前面说了，就是“五蕴”的别名。在这篇文章里，也就是指前面那段文字里的“羯罗蓝”，那颗小小的受精卵。那么，什么叫“诸有”呢？

佛学里面所谓的“诸有”，是指各种不同的生命领域。三界一共有“二十五有”。

欲界：四个恶道——地狱、畜生、饿鬼、阿修罗，加上人道的四大洲，还有天道的六层欲界天，一共是十四有。

色界：四个禅天，加上大梵天、净居天、无想天，一共是七有。

无色界：四空天，是四有。

加起来，一共就是二十五有。这里面，欲界、色界的生命都是由“五蕴”所构成。至于无色界，因为没有形色，所以没有“色蕴”，只由“四蕴”所构成。

现在，这段原文的“名色托生诸有”，这个“诸有”，因为对应着“名色”，也就是“五蕴”，所以它不包括“无色界”。同时，这里的“名色”又因为指的是上面那段的羯罗蓝，所以，它所对应的“诸有”，就只限于“欲界”的各种生命，只有十四有了。

现在我们回过头看这段原文。释迦牟尼佛说，五蕴聚合，构成了痛苦、烦恼的生命。不管这个小小的胚芽托生到哪个生命领域，福报再好，痛苦再少，我都不会有一丝一毫的欢喜、赞叹。为什么呢？因为，只要生在三界里面，就是痛苦的。

譬如粪秽，少亦是臭。如是应知，生诸有中，少亦名苦。

好比脏臭的粪便，即使再少量，也是臭的。同样道理，只要在六道中，不论生在哪一界，烦恼再少，也还是不究竟，还是没有脱离痛苦。

为什么这么说呢？下面有进一步的解释。

此五取蕴，色受想行识，皆有生住增长，及以衰坏。

所谓“五取蕴”，也就是“五蕴”。“取”就是求取、执著的意思。在小乘里，“取”是“烦恼”的代名词；在大乘的唯识里，“取”是“贪爱”的代名词。总之，执取在贪爱的烦恼中，就是“取蕴”的意思。

前面说过，生命是五蕴的组合，而五蕴之间又相互为缘，都在生、住、增长、衰坏的变化中。

生即是苦，住即是病，增长、衰坏即是老死。是故难陀，谁于有海，而生爱味？卧母胎中，受斯剧苦。

所谓“生即是苦”，简单说，生，本身就是苦。生命受了许多条件的限制，不自由，而且不圆满；况且，既由“五取蕴”而来，所谓“有求皆苦”，除非解脱了所有结使，跳出三界，否则所有的生，都是痛苦的。这就是“生即是苦”。

所谓“住即是病”，只要这个生命存在，不论色、受、想、行、识哪一蕴，都带来许多不完美的种子。所以说，“住”本身就是病，有心病，也有身病。

再下面，“增长、衰坏即是老死”。所谓“增长、衰坏”，用现代医学术语，也可以说是新陈代谢。细胞、组织不断更新，不断成长，同时也一天天老化，一天天趋向死亡。所以庄子早就潇洒地说了“方死方生，方生方死”。看透了这一点，对生命当然就少些贪恋，少些幻想与执著，也就少些烦恼和痛苦。只是理论上虽然如此，事实上恐怕还是“看得破，忍不过”。就如袁太老师（焕仙）所说，“五蕴明明幻，诸缘处处痴”。

而释迦牟尼佛在这里依然苦口婆心地说：难陀啊，弄清楚生命怎么回事，谁还会爱恋不舍呢？更何况，一进入母胎，就受着极端痛苦的煎熬。

下面，他就要对胎儿在母体里的成长、变化，做更进一步的介绍。同时，我们拿现代医学的研究报告做一对比，会发现非常有趣的类同。

复次难陀，如是应知，凡入胎者，大数言之，有三十八七日。

这里是就人的入胎来说，胎儿在母体里大概经过三十八个七天。

这点和目前西医的观点完全一致——目前胚胎学对胎儿在母体里的变化，也是以七天为一个区分阶段。

如果照道家所说，“人身为一小宇宙，宇宙为一大人身”的话，那么有个非常奇妙的吻合：基督教的《圣经》里面，上帝创造世界，也是七天的过程。

站在生命科学的立场，我们阐述佛法的同时，对于其他宗教文明的成就，也不妨欢喜赞叹。其实，这也是任何一个宗教所应有的精神与胸怀。

胚芽的发展

第 1 周至第 3 周

第一个七天

第二个七天

第三个七天

第一个七天

初七日时，胎居母腹，如梱如痈，卧在粪秽，如处锅中。身根及识，同居一处，壮热煎熬，极受辛苦，名羯罗蓝。

状如粥汁，或如酪浆，于七日中，内热煎煮。地界坚性，水界湿性，火界煖性，风界动性，方始现前。

第一个七天当中，胚胎在母亲肚子里，就好像一片小木梱，又好像一个小肉疮，躺在气味恶臭的血肉堆里。它整个身子，乃至精神意识，就在这一小滴半透明的胚芽里，好像闷在一个不透气的热锅里，非常痛苦地受着煎熬。

这个阶段的小生命，就叫羯罗蓝。外表看起来，好像一滴粥，又好像一滴乳浆。

这七天里，生理方面，地、水、火、风这四大性、质，开始逐渐发育。

现在让我们看看，西医胚胎学对这个阶段所观察的结果。

第一天：精子与卵子混合成一个合子。这时仍然是单

细胞。细胞核内形成二十三对染色体。（见图一）

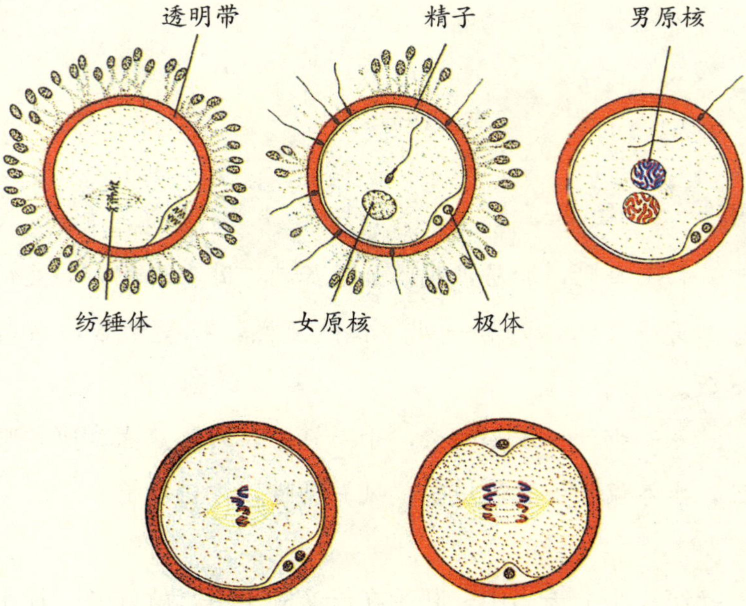

（图一）

第二天：精子进入卵子三十个小时后，合子分裂成两个细胞。（见图二）再四个小时后，合子分裂成四个细胞。（见图三）

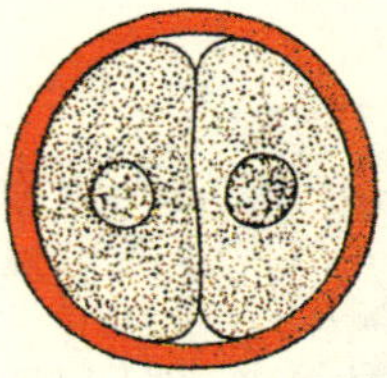

（图二）

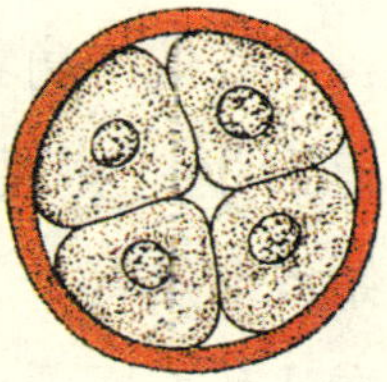

（图三）

第三天：合子已成为一个十六个细胞的卵裂球，轮廓

像一粒桑椹，所以又叫做桑椹胚。体积和单细胞的合子相等，而且还被透明带围绕着。（见图四）

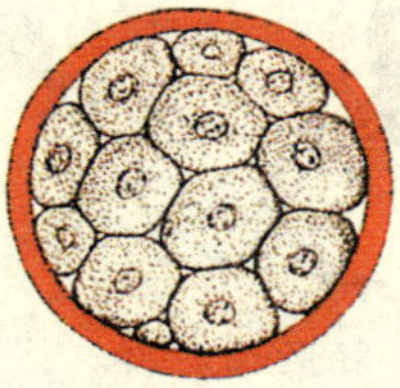

（图四）

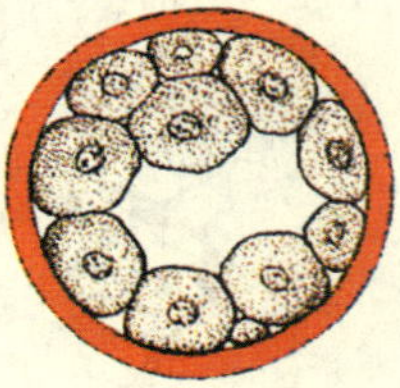

（图五）

第四天：桑椹胚抵达子宫内腔，腔内的液体渗透过透明带。桑椹胚的空隙逐渐变成一个泡，叫胚泡。（见图五）很快的，透明带消失，胚泡的外表形成滋养层，泡内腔有一小块增厚区，叫胚胎细胞群。（见图六）

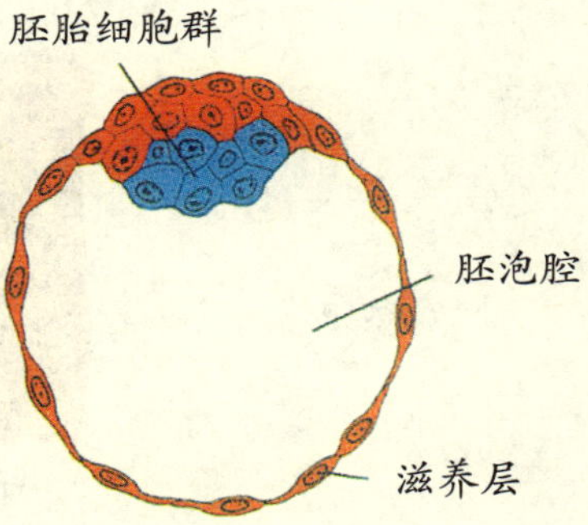

（图六）

第五天——第六天：胚胎细胞滋养层黏着子宫，形成了最初的胎盘，日后逐渐发展为胚胎。（见图七）

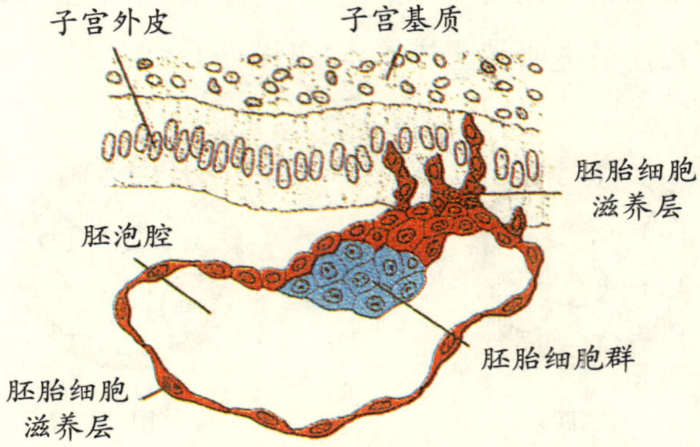

（图七）

卵子受精第一周变化示意简图

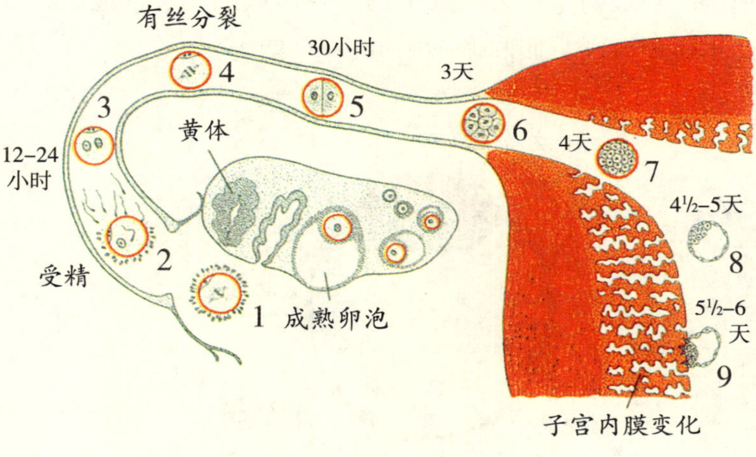

（图八）

把西医胚胎学对这个阶段的研究做了一点概括地介绍之后，我们再回过头，把释迦牟尼佛对这一阶段的介绍，拿来做个比对。

对于这个受精卵的外观方面，他说："如梋如痈，卧在粪秽，如处锅中。"

质地方面，他说："状如粥汁，或如酪浆。"

至于内部成分方面，他就用"地界坚性，水界湿性，火界煖性，风界动性"来概括。

如果用现代医学的语言来说，那就是，受精卵的染色体，已经蕴涵了日后生长出骨骼、毛发、肌肉、器官、血液、荷尔蒙，乃至强壮与否等的所有基因。

当然，释迦牟尼佛所说，不如现代医学经过精密仪器实验所观察的细密，但却不失简要、中肯。而且两千五百年前，就当时人们所能接受的概念来说，充其量也只能说到这个地步了。

至于"身根及识，同居一处，壮热煎熬，极受辛苦"，涉及内心世界的部分，则有待各人的内证，以及日后科学的努力了。

第二个七天

难陀，第二七日，胎居母腹，卧在粪秽，如处锅中。身根及识，同居一处，壮热煎熬，极受辛苦。

于母腹中，有风自起，名为遍触。从先业生，触彼胎时，名额部陀。状如稠酪，或如凝酥。于七日中，内热煎煮，四界现前。

这一段前面的"胎居母腹，卧在粪秽，如处锅中。身根及识，同居一处，壮热煎熬，极受辛苦”，和第一个七天的描述一样，这里不再重复。

再下面的叙述，不同了——“于母腹中，有风自起，名为遍触，从先业生。”

现在问题来了，这句话是什么意思呢？什么是“有风自起”？和前面“风界动性”那个风大的“风”，同还是不同呢？“从先业生”，又是什么意思？为了对这段的语意掌握得更明确，我们参考一下《佛为阿难说处胎会》。这本经是释迦牟尼佛对阿难说的，主要内容也是介绍胎儿在母体里的变化。也有说，这两者是同一经本，只因翻译不同而有差别。无论如何，《佛为阿难说处胎会》对我们解读《入胎经》是很有帮助的。

在《佛为阿难说处胎会》这本经里，讲到第二七日的时候，它的文字记载是：

所感业风名为遍满，其风微细，吹母左胁，及以右胁，令歌罗逻（即羯罗蓝）身相渐现，状如稠酪，或似凝酥。内热煎煮，便即转为安浮陀身。如是四大，渐渐成就。

综合两部经对于这第二个七天的描述，我们可以归纳出几个要点：

(1) 这股风是“自起”，有别于父母的遗传而来。怎么“自起”的呢？《入胎经》上说，“从先业生”，是中阴身的阿赖耶识所带来的种子。混合了前面父精、母卵所具备的风大，但又不限于那个风大。

(2) 这个“有风自起”的风，具备了“遍触”、“遍满”的特质，“令歌罗逻身相渐现”，能够使这个小小的胚芽逐渐生长。因此，“有风自起”这个“风”，主要是股生命能，也就是道家、中医所谓“人有三宝，神与气、精”的“气”。这是生命的精华，也是生命的原动力，是生命能的一个主要成分。

因此，道家有“食气者寿”的说法。而佛家则基于同样的认识，有安那般那（注 1）的修法，后来又发展出天台宗的数息、随息、止息等六妙门（注 2）的修证。至于密宗，则普遍着重于气、脉的修炼。这本经典，基于同等的认识，每七天的变化、成长，都由不同作用的“风”来主导。这个“风”，其实就是“气”的代名词。

（注 1）为释迦牟尼佛所传授，注意出入息的修法。

（注 2）天台止观的修持法门，归纳为六个步骤：一数（数息）、二随（随息）、三止（止息）、四观（慧观）、五还（返本归元）、六净（清净圆满）。

(3) 参考了《佛为阿难说处胎会》，我们发现了一个特殊的句子，“吹母左胁，及以右胁”。胁，是指胸部靠近两臂的部位。这一小片胚芽和母体胸部两侧的部位，建立了联系。这句话又怎么理解呢?

从中医来说，肝经的分布，正好联系了生殖器官与两胁部位。在五行属性上，肝属木。

母体一旦受精，卵巢立即分泌孕酮（黄体素荷尔蒙），这是水大。水生木，于是肝经起了变化。在中医来说，肝藏血。肝属木，木能生火。火又属心，心主血脉，于是又带动血液循环。因此，“其风微细，吹母左胁，及以右胁”，可以说就包含了上面这一连串的生理反应。

用现代医学语言来说，就是胚胎与母体建立了血液循环的脉道。开始由母体的血液输入氧气，以及其他的养分；同时，把胚胎内部新陈代谢后的废气及其他剩余物，经由血液流入母体排出。

第二个七天，也就是第二个周期的胚胎，在佛经里就叫“额部陀”。看起来，比第一个礼拜黏稠，所以说“状如稠酪”，“或如凝酥”。这七天里，附着在胚胎上面的神识仍然是痛苦的，“内热煎煮”，好像闷在热锅里那样，受着煎熬。

现在让我们再看看，西医对这七天做了哪些观察？

第八天：部分胚泡进入子宫内膜。胚胎细胞群增长成双层胚芽盘。（见图九）

第九天：胚泡深入子宫内膜。开始入侵时的损口已由血纤维凝块盖起来。这时，滋养层出现一些小泡，互相融合扩充，成为一网路系统（滋养层腔隙网路）。母体子宫内壁也起变化，细胞肿胀，细胞浆积聚大量积原和脂质，细微血管充血、扩张，形成了血窦。（见图十）

到第十二天左右，毛细血管破裂，母体血液流入滋养层腔隙网。此时，胚体本身的血管尚未形成，但是经由渗

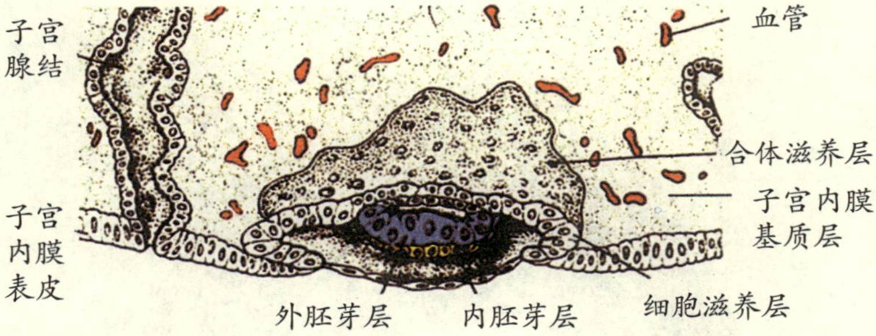

（图九）

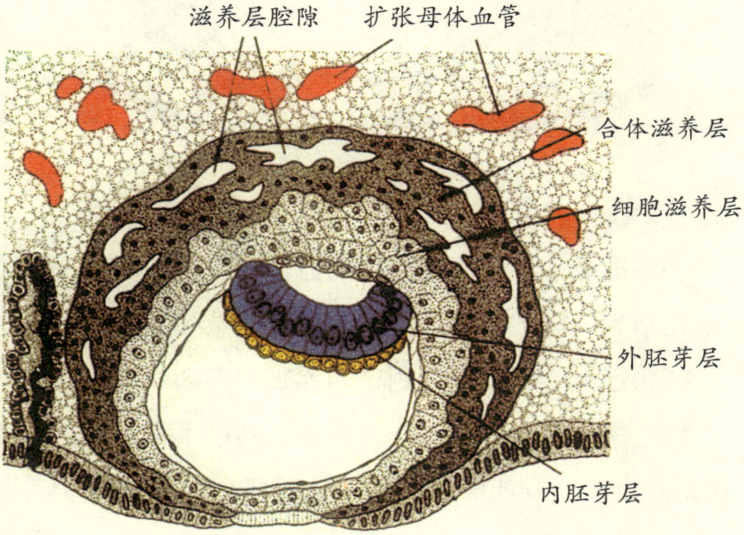

（图十）

透作用，由母体的血液中获得所需的养分。胎盘由此与母体的血循环建立了交流。（见图十一）

第十三天：发展出绒毛、绒毛腔。胚芽盘首端出现征心基板，日后发展为心脏；尾端连接结缔组织柄。

这短短的七天里，真是变化得多彩多姿。概要来说，

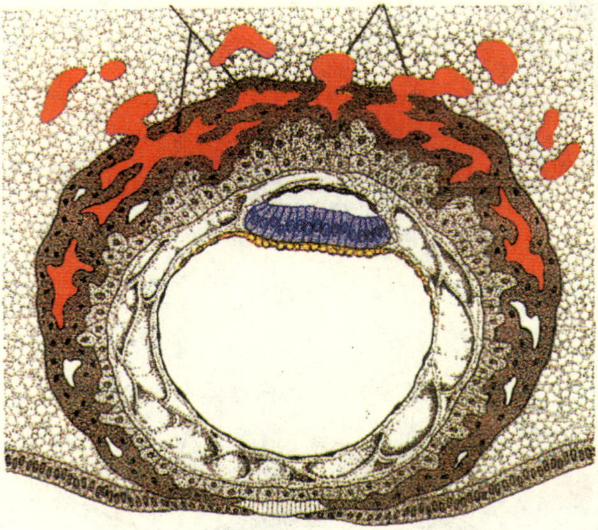

（图十一）

这片小小的胚芽，的确和母体的血循环建立了交流。也可以说是水大、火大、风大而至于地大的重要发展。

在佛经上，就简单地用“四界现前”来概括。

经过这些变化，这时候的胚芽当然已不再是半透明的“状如粥汁”、“或如酪浆”了。这时候它已经进入子宫内壁，看起来差不多如佛经所说——“状如稠酪”。地大逐渐发展，凝结拢来，固定一处，所以又说“或如凝酥”。

当然，佛经上的描述比现代医学简略得多。但是关键性的变化，譬如这个周期里，和母体血液循环所建立的联系，经典中就用“其风微细，吹母左胁，及以右胁，令歌罗逻身相渐现”来概括。用现代医学观点来说，这段叙述实在太笼统。但是，如果综合中医的脏腑、经络，以及五行生克的观点，再配合西医女性荷尔蒙的变化、胚胎与母体血循环的联系，融会贯通之后，再回过头来看经典上的这句话，那就不免要叹为观止地发出会心的一笑了。

第三个七天

难陀，第三七日，广说如前。于母腹中，有风名刀鞘口，从先业生，触彼胎时，名曰闭户。状如铁箸，或如蚯蚓。于七日中，四界现前。

第三个七天，在前面成长的基础上，又有一股风，叫刀鞘口。同样，也是胚芽所蕴涵的一股生命能。胚芽这个时候叫做闭户，好像一把铁筷子，又好像条蚯蚓。地、水、火、风四大仍不断地成长着。

现在让我们看看西医的研究成果：

第三周时候，双层的胚芽盘变成三层。（见图十二）

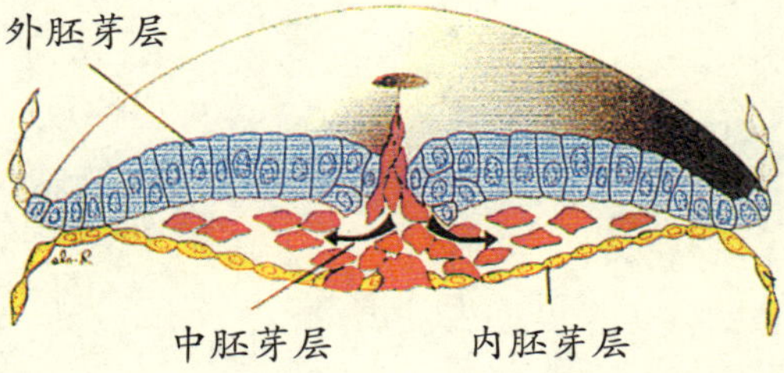

（图十二）

第十八天前后，中胚层里发展出脊索。随着脊索的增长，胚芽盘逐渐变成长形。从纵剖面来看，它内部的结

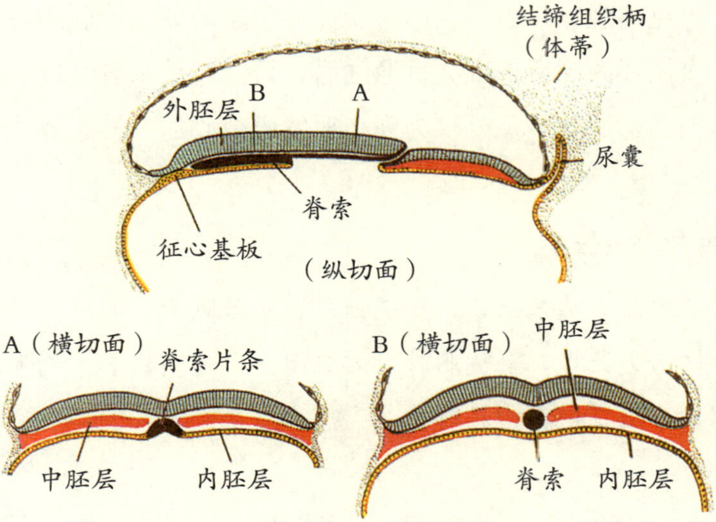

（图十三）

构，恰好如经典所说，“状如铁箸，或如蚯蚓”。（见图十三）

胚芽发展到第三周，胚前期的发育完成。

从第四周开始，进入了胚胎期。

胚胎的变化

第 4 周至第 9 周

三个胚层各自分化，形成特定的组织和器官。各器官系统初步形成。

第四个七天

第五个七天

第六个七天

第七、八个七天

第九个七天

第四个七天

难陀，第四七日，广说如前，于母腹中，有风名为内门，从先业生，吹击胎箭，名为健南。状如鞋楥，或如温石。于七日中，四界现前。

难陀，这第四个七天，就如同前面所说，在各种条件的配合下，胚胎继续发展着。这个七天里面，发展着一股叫“内门”的生命能。在这股生命能的作用下，胚胎的形状发育得好像一只鞋楥（注），又好像一块温石。这个阶段又叫“健南”。

（注）修补鞋子或缝制鞋子时，用来做底衬的木制脚模。

现在让我们看一下，西医胚胎学对这个周期的观察结果。

第二十二天——第二十四天：

1. 发展出中空，两端开口的神经管。大约两天后，第二十四天左右，首尾两端管口封闭，成为一个密管组织。（见图十四）

2. 生长出脊髓，中枢神经系统开始萌芽。

3. 体节开始生长，每天大约增长三节。同时发育出生骨节细胞、生皮节细胞以及生肌节细胞。

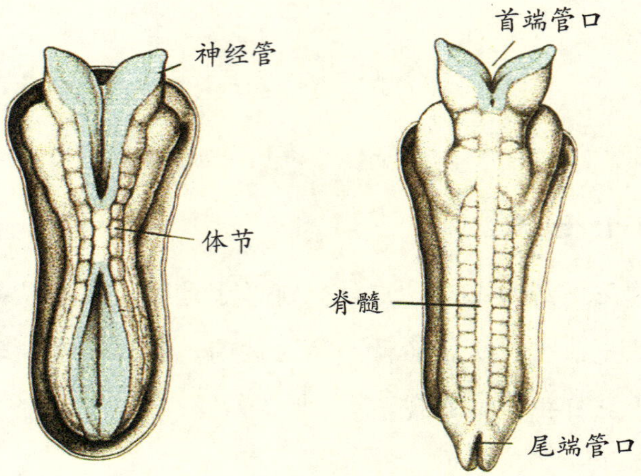

（图十四）

第二十五天：发展出鳃弓、脑泡、心泡，以及甲状腺、肺、肝、胰、中肾小管等的原基，开始了血循环和心搏动。（见图十五）

第二十六天——第二十八天：出现眼基板（日后发展为眼）、耳基板（日后发展为耳）、手肢芽、脚肢芽。（见图十六）

总之，从第四周开始，由三层的胚芽盘，分别生长、分化成各类组织和器官。也就是细胞由多潜能化，趋向个别特殊性。因此，也可以说，“内”部组织个别化，分“门”别类地各自发展。而经典中，则把这第四周的业风（气机），命名为“内门”。

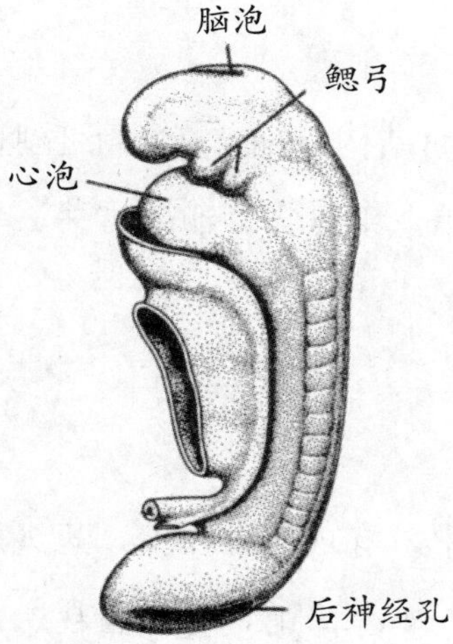

（图十五）

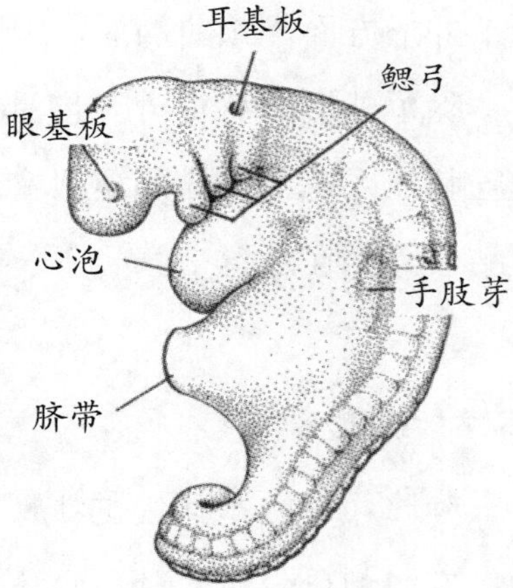

（图十六）

第五个七天

难陀，第五七日，广说如前，于母腹中，有风名曰摄持。此风触胎，有五相现，所谓两臂、两胜及头。譬如春时，天降甘雨，树林郁茂，增长枝条。此亦如是，五相显现。

难陀，到了第五个七天的时候，胚胎继续发展着。这个时期的生命能，叫做“摄持”，使得胚胎长出五相——两臂、两胜（大腿连着臀部的部位）和头。就好像春天来了，经过春雨的滋润，树木增长出一些枝条。这个阶段就是这样，外观上发展出了这五种生理现象。

现在我们看西医的胚胎学，胎儿第五周时候的变化，大体也是如此。

外形方面，颈曲加深，中脑曲出现。

除了外形的特征外，内部的结构方面，脑、下丘脑、上丘脑的区域出现局部细胞增殖；中肾管、输尿管芽、生殖结节等都在发育中。

第六个七天

难陀，第六七日，于母腹中，有风名曰广大，此风触胎，有四相现，谓两肘、两膝。如春降雨，荑草生枝，此亦如是，四相显现。

难陀，第六个七天的气机，把它命名为“广大”。这段期间，胚胎生长出两肘、两膝。这个阶段，就好像经过春雨的滋润，草木生出枝条。四肢就如此发展出来。

从西医的观察，这个时期除了两肘、两膝之外，同时长出了两手、两脚，甚至十个手指、脚趾也隐约可见。（见图十七）

第七、八个七天

难陀，第七七日，于母腹中，有风名为旋转。此风触胎，有四相现，谓两手两脚，犹如聚沫，或如水苔，有此四相。

难陀，第八七日，于母腹中，有风名曰翻转。此风触

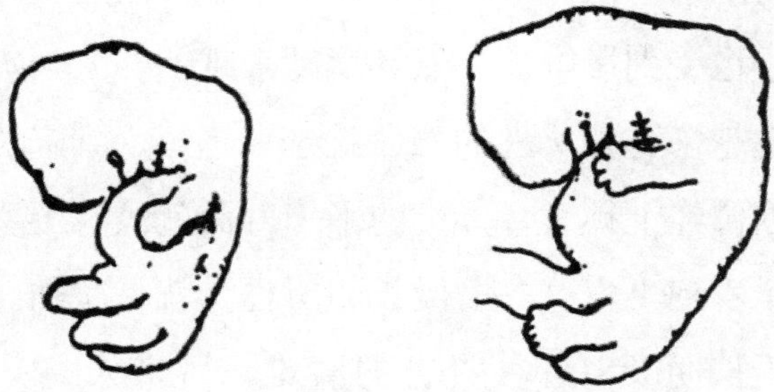

（图十七）

胎，有二十相现，谓手足十指。从此初出，犹如新雨，树根始生。

在西医的胚胎学里，手脚的发育成长，比起这本《入胎经》所述略早几天。或许是经过两千五百年的时间，胚胎在母体里的部分发育略为提前了。譬如现在的儿童，身、心都比四五十年前来得早熟。

用现代知识来说，随着自然生态、物质条件的种种改变，人体也就相对应地做着调整、变化。从佛家的思想观念来说，随着众生共业的不同，人类的正报——诸如平均寿命、身高、体重，乃至其他各种生理机制，也都跟着变化。

譬如佛家的劫数观念，有大劫、中劫、小劫。而小劫里又分为增劫、减劫。佛经上说，人类最开始的时候，寿命是八万四千岁。后来由于放逸、散漫，没有保持正念、善行，于是每一百年，人的寿命就减少一岁。越到后来，人心越为险恶。众生共业所感，除了本身的正报之外，连带的依报也受到影响。自然环境越来越差，人为灾害、自然灾害也越来越多，人的寿命就越来越短。到末法时代的后期，据佛经上预言，人类的平均寿命就只有十岁了。从八万四千岁到十岁这一段漫长的历程，就是减劫。

由于长期以来各种灾害的磨难，后来人类又开始忏悔，回心向善，于是每一百年又增加一岁。到后来，人的寿命又回到八万四千岁。这段历程就是增劫。

照佛经上所说，我们现在正在减劫中，人类的平均寿命也在逐渐减少。可惜到目前为止，还没有整个地球人类平均寿命的长期统计资料，还无法对佛经这一论点提出数据性的证明。

但是，据中国有的记载，尧、舜、禹、汤、文王、武王、周公等，都活了一百多岁。相比之下，人的寿命是减少了。

虽然物质文明不断地进步，医药科技又不断地突飞猛进，但是环境污染的日趋严重，自然生态的破坏，乃至病毒顽强怪异地翻新、变化，所以，人类所面临的死亡威胁不但没有因为科技的进步而减少，甚至有增加的迹象。或许这就如佛经所说，是人心不古，世风日下的果报吧！

以此类推，两千五百年后，如果这本佛经仍然存在，那么经典中的记述，比照当时胚胎的成长，很可能有着更多的差异。

讲到这里，我们不要忘了，这本经典的缘起，是由沉迷欲乐的难陀而来。为了使他迷途知返，使他领悟到生命的苦、空、无常、无我，释迦牟尼佛施展了各种方便，带他上了天堂，同时又带他下到地狱。然后再不厌其烦地为他讲说“入胎”的过程、变化。主要目的，在于点出生命现象的变化，没有一个永恒的归宿，也没有一个真实的幸福；同时寓意了“观身不净，观受是苦，观心无常，观法无我”这些小乘修证的中心。因此，这本《佛为难陀说出家入胎经》的重点，并不在于胚胎学的介绍和探讨。只不过，在释迦牟尼佛的接引方便中，我们对于佛陀的权巧智慧，又多了一层认识。

也因此，从第九个七天开始，我们不再一项项与西医做精详的比对。我们只在个别的关键处，借用现代医学作类比说明。否则，一路像西医胚胎学似的详细介绍下去，恐怕读者们看了，也要觉得头大而乏味的。

第九个七天

第九七日，于母腹中，有风名曰分散。此风触胎，有九种相现。谓二眼、二耳、二鼻，并口，及下二穴。

这九种相就是九窍，两眼、两耳、两鼻孔、嘴巴这七窍，加上下面的肛门、尿道，一共是九窍。

胎儿的发育

第 10 周以后

体躯增长

器官和组织开始正式发育

第十个七天
第十一个七天
第十二个七天
第十三个七天
第十四个七天
第十五个七天
第十六个七天
第十七个七天
第十八个七天
第十九个七天

第二十个七天
第二十一个七天
第二十二个七天
第二十三个七天
第二十四个七天
第二十五个七天
第二十六个七天
第二十七个七天
第二十八个七天
第二十九个七天

第三十个七天
第三十一至第三十四个七天
第三十五个七天
第三十六个七天
第三十七个七天
第三十八个七天

第十个七天

第十七日，于母腹中，有风名曰坚鞕，令胎坚实。即此七日，于母胎中，有风名曰普门，此风吹胀胎藏，犹如浮囊，以气吹满。

到了第十个七天，这段时期的生理机能，就叫做“坚鞕”，胎儿发育得更为坚实。同时还有一股叫“普门”的风，使得整个胚胎饱满，好像充满了气的浮囊。

就西医来说，第三个月开始，直到出生期，这个阶段叫做胎期。这期间，体躯增长，器官和组织开始正式发育。从前面的胚胎期，又进入一个新的阶段。而《入胎经》，恰好把这个阶段叫做“坚鞕”。

不同的是，《入胎经》又再强调，整个胚胎是“以气吹满”。主要还是由于“气”的作用，“令胎坚实”。这种观点，和目前西医的观点则有所不同。

第十一个七天

难陀，第十一七日，于母胎中，有风名曰疏通。此风触胎，令胎通彻，有九孔现。若母行立坐卧，作事业时，彼风旋转虚通，渐令孔大。若风向上，上孔便开；若向下时，即通下穴。譬如锻师，及彼弟子，以橐扇时，上下通气。风作事已，即便隐灭。

“坚实”之后，接着就要“疏通”，把这股充实、蓬勃的生机，运化到全身，胎儿才会健全地发育、成长。在“疏通”这个功能上，当然“气”的特质就表现得更为明显。所以释迦牟尼佛在上面这段对难陀说：

第十一个七天当中，母胎里的气机，继续发挥了疏通的功能。这股生命能的作用，遍及全身，使得九窍更为成熟。

当母亲或走、或立、或坐、或卧，或者工作的时候，随着母亲生命能的运作，又辅助了胎儿内在气机的运转，九窍逐渐发育成长。

如果气机向上运行（上行气），就疏通身体上部的孔道（脉道）；如果气机向下运行（下行气），就疏通下部的（下半身的）孔道（脉道）。胎儿和母体间，气机的互动，就好比锻师（冶金的师父）和他的徒弟（徒弟比喻胎儿，锻师比喻母亲）用橐扇上下通气。藉由上行气、下行气的交互作用，胎儿一天天地成长。

气机运行到某个阶段，它又自然会进入“止息”的状态，这就是“风作事已，即便隐灭”。

气机止息下来，这个时候并不是死亡，也不是停止生长。相反的，这时候的生机就好比在将养生息，也好比在充电。借用老子的话，就是“致虚极，守静笃，万物并作”的道理。

拿现代一般人比较容易理解的比方，就好像动物的冬眠状态。停止了呼吸，生命能几乎不消耗，所以就不吃、不喝，像睡个大长觉，养足了精神，等冬天过了，再出来活动。

其实，“息”在生命成长中所扮演的角色，远超过冬眠的作用。

如果把“气”比方成一棵生命之树，那么“息”就好比这棵生命之树的根，地面上看不见它，但是“气”由它来，“气”由它而生。那么，我们如果继续追问，这棵生命之树的根又种在哪里呢？勉强说，就是在“空”中。

这个“空”，不是物理世界虚空的“空”，这个“空”是心物一元，真空生妙有的“空”。谈到这里，又是一个“唯证乃知”的实证境界了。

胎儿出生后，随着后天生命的成长、物欲的干扰、身心的动乱，这种“息”的静止状态越来越少，越来越短。因此，老、病、死也就随之而来，成为无法逃避的必然现象。

佛、道两家为了扭转这个恶性循环，于是便提出了各种理论和修证方法。而“止息”，恰恰是佛、道两家共同的基础功夫。如果达不到“止息”，那就谈不到“四禅八定”，也谈不到“炼精化气、炼气化神、炼神还虚”。至于我们前面提到的佛家安那般那，以及六妙门的修证，也都建立在这个基础上。

第十二个七天

难陀，第十二七日，于母腹中，有风名曰曲口。此风吹胎，于左右边作大小肠，犹如藕丝，如是依身交络而住。即此七日，复有风，名曰穿发，于彼胎内，作一百三十节，无有增减，复由风力，作一百禁处。

在第十二个七天里，这个阶段的生命能，就叫做“曲口”。大、小肠开始发育，同时又像“穿发”般地，生出一百三十节和一百个禁处。

究竟“一百三十节”和“一百个禁处”是什么？看到这里，我们觉得此处文字的含义不是十分明确。所以再参考一下《佛为阿难说处胎会》，这一部分的原文如下：

十二七日，处母胎时，复感业风，名为曲口。由此风力，左右胁间生大小肠，犹如藕丝及紧纺线置在于地，十八周转，依身而住。复有一风名为穿发，由此风故，三百二十支节，及百一穴生在身中。

这部经典里记载的是：“三百二十支节，及百一穴”，数字上跟《入胎经》有出入，但是文字相互比对之后，意义比较明确了。

今按：

(1) 胎儿的肠，大部分是由胚胎期的中肠发育演变出来。胚胎在第四周时，发育出一条直管状的中肠。中肠从第六周开始旋转、发育，到了第十一至第十二周时，完成了旋转，而且发育出了小肠（包括空肠、回肠、十二指肠），以及大肠（结肠、盲肠）。恰好，释迦牟尼佛就在这第十二周时，介绍出大、小肠的形成。

(2) 由于大、小肠是弯弯曲曲的，所以释迦牟尼佛就把这个时期的生命动能命名为“曲口”。

(3) 接下来，这一周生理机能又发挥着“穿发”的特性。“穿发”又是什么意思呢？顾名思义，大概差不多像发丝一样细，而且是细长的、穿越的。那么，这“三百二十支节”很可能指的是神经。至于《入胎经》上所说的“一百三十节”，与《处胎会》所说的“三百二十支节”，虽然数字上有出入，但是却分别用到了“节”与“支节”的字眼。而神经系统恰好如树枝状分布在体躯、四肢，以及各个脏器官。

为了再求佐证，我们再比照一下西医的胚胎学。又有一个奇妙的吻合——神经细胞在胚芽的第十八天左右，已经开始出现。但是直到第十二周的末期，神经系统才基本形成，开始感应到体外的刺激。譬如对于外在的触动，以及声、光等，做出了微弱的反射动作。

(4) 至于《入胎经》上的“一百禁处”，或者《处胎会》中的“百一穴”，应该就是目前中医针灸上的一百多个常用穴了。近年来，针灸学配合人体解剖学的研究，发现经穴（或者称为气穴、穴道、穴位）恰好是沿着神经线（尤其是神经丛或者神经节部位）分布的。

第十三个七天

难陀，第十三七日，于母腹中，以前风力，知有饥渴。母饮食时，所有滋味从脐而入，藉以资身。

“以前风力”，由于前面那些生理机能的开展，有了饥渴的感受。母亲吃了东西，这些滋养经过胎盘、脐带，到了胎儿那里，胎儿因此不断地发育、成长。

这里有几点，值得我们注意。

（1）“以前风力，知有饥渴”。这步生理反应，如果用佛学名词的话，就相当于“受”的作用。

现在我们回顾一下前面：第九七日，发展了“六入”——眼、耳、鼻、舌、身、意。到了第十二七日，神经系统的架构大致形成。用佛学名词的话，就是有了感应“触”、“受”的基础。归纳起来，配合佛家解释生命缘起的十二因缘的概念，这就是“六入缘触，触缘受”。

（2）前面，在第二七日时，我们讲过，胚芽已经跟母体的血循环建立了联系，母体的养分，已经经由血液，渗透进入这个新的生命。这里为什么又说，“从脐而入，藉以资身”，究竟什么意思呢？

现在让我们再参考一下《佛为阿难说处胎会》相关的

叙述：

所有滋味，于身穴中，及以脐轮，资持润益。

看到这里，意义比较明朗了，《入胎经》上所说的“脐”，并不限于肚脐或者脐带，它主要是指脐轮而言。胚胎体内的气机，开始孕育出最初步的气穴及脉轮。

（3）脐轮是密宗“三脉七轮”中的一轮，又叫化轮。所谓“化”，就是生长、变化的意思。在密宗的气脉学说里，认为胎儿离开了母体，生命的功能主要仍经由这里，不停地生发、变化。

从西医观点来说，胎儿在母体里，是靠着脐带，从母体吸收养分。而佛、道两家的修证学说认为，一个新的生命，主要是经由这个部位的气化功能，变化、生长着。

（4）从道家、中医的观点来说，密宗脐轮的范围，关联到肾。这个肾，跟西医里面的肾脏是两种概念。中医的肾，包括了有形的肾脏这个器官，还包括了肾经这整条经脉，同时关联到性荷尔蒙、脑下垂体等荷尔蒙系统。中医认为肾属水，把肾看成我们生命的先天之本，主脑，主生殖，肩负着生殖以及脑部功能的重任。

总之，脐轮这个范围，具备了重要的生长、变化功能。因此，密宗把这个脉轮又叫做化轮。那么，它进一步会变化出什么呢？

第十四个七天

难陀，第十四七日，于母腹中，有风名曰线口。

其风令胎生一千筋，身前有二百五十，身后有二百五十，右边二百五十，左边二百五十。

第十四个七天里，这个阶段的生理机能叫“线口”，胎儿生出一千条筋。身前大约有两百五十条，身后大约是两百五十条，左边、右边也大约各有两百五十条。

我们前面说了，脐轮的功能，关联到中医里面的肾。在中医的五行学说里，肾属水。水能生木，而木属肝。中医的这个肝，除了器官方面的肝脏，还包括经脉方面的肝经。它主筋，主调达、疏泄，关系到筋的生长、发育，同时具备了调达、疏通的作用，使人体的气机和谐、通畅地运行。

在上一个周期，第十三个七日，脐轮初步呈现之后，经过这个化轮的生化，体内的气机开始逐步形成经络、脉轮的系统，开始要形成一个规律性的网络。这时候，肝经同时也就要发挥它调达、疏泄的功能了。

因此，第十四个七日生出一大堆的筋，就象征着肝经为经脉系统所做的准备。也可以说是气机从混沌状态，迈向规律化的经脉体系的一个过程。

第十五个七天

难陀，第十五七日，于母腹中，有风名曰莲花。能与胎子作二十种脉，吸诸滋味。身前有五，身后有五，右边有五，左边有五。

其脉有种种名及种种色。或名伴，或名力，或名势。色有青、黄、赤、白、豆苏、油酪等色。更有多色共相和杂。

难陀，其二十脉，别各有四十脉，以为眷属，合有八百吸气之脉。于身前、后、左、右，各有二百。难陀，此八百脉各有一百道脉，眷属相连，合有八万。前有二万，后有二万，右有二万，左有二万。

难陀，此八万脉，复有众多孔穴，或一孔、二孔，乃至七孔，一一各与毛孔相连，犹如藕根有多孔隙。

释迦牟尼佛这段所讲的，在现代人看来，更是“天方夜谭”，匪夷所思了。究竟在说什么呢？让我们再参考一下《佛为阿难说处胎会》这本经吧！

十五七日处母胎时，复感业风名为莲花。

由此风力生二十脉，饮食滋味流入此脉，润益其身。

（下略）

同样的，第十五个七天，生理机能的特征，被命名为

"莲花"。胎儿生出二十条主要的脉道。但是比起《入胎经》里面"吸诸滋味"这句原文，《处胎会》这部分就说得清楚许多，它说"饮食滋味流入此脉，润益其身"，母体的养分经由它们运化、生发，供应全身。

现在我们再回到《入胎经》，继续往下看。

这些脉道平均散布着，二十条主要的脉道分布在身前五条，身后五条，右边五条，左边五条。其中，有些是从属性的，可以归为"伴"的一类；有些是强有力的，可以归为"力"的一类；还有些是蓄势而动的，就归为"势"的一类。

不同的脉，有不同的生理功能；不同的生理功能，会发出不同的光色。因此，这些脉有青色的、黄色的、红色的、白色的、奶油色的，还有些是不同光色混合的。

这二十条主要的脉，各有四十条支脉。这样，总共就有八百条支脉。每条支脉又分布出一百条细微的脉，这些微细的脉相互联系着，加起来总共差不多有八万，平均分布在身体的前、后、左、右。这八万的微细脉上，又有许多小孔穴。有的上面一个孔，有的上面两个孔，甚至于有多达七个孔的。这数不清的小孔，都跟毛孔相通。就像藕根那样，里面有几条粗大的管道，同时又有很多细小的孔隙。

今按：

这一段讲的，真让人觉得扑朔迷离，好像进入了"天方夜谭"似的。其实这些都是实际的状况，生命是非常奥妙的。这一段内容，涉及很多重要的观点。

（1）这个阶段的发育，主要在于脉。脉是什么呢？所谓脉，就是通道。血液的通道是血脉，气机的通道就是气脉。

多数的西医听到什么气脉、经络的，就头大。在哪里呢？明明看不见嘛！把人体剖开了，即使用显微镜找，也找不到啊！但是，我们不能因此而否定它的存在。譬如空中的气流，海里的洋流（暖流、寒流），都没有一个具体、有形质的通道，但是他们——尤其是洋流，都循着固定的路线，就好像是经由一个通道在走动似的。人体里的气脉也是如此，虽然没有看得见的、有形状的通道，但的确循着固定的通路运行着。

（2）道家、中医把人体主要的气脉归纳为十二正经、十五络脉，以及奇经八脉。沿着经脉，又分布着一些经气汇聚的穴位。这就是武侠小说里所说的穴道，也就是中医针灸里所谓的经穴。

这些经穴，近些年来，经过科学仪器的测试，已经有了初步的数据——穴位所经过的人体表面，会产生较大的电阻。

（3）至于佛家的密宗，则在偏重实证的基础上，又做了更精简的归纳，把它分类为三脉（左脉、中脉、右脉）、七轮（梵穴轮、顶轮、眉间轮、喉轮、心轮、脐轮、海底轮）。经过静定的修炼，这些脉轮就会逐步呈现出来。

（4）如果打通了三脉七轮，在修密宗的看来，就认为了不起了。当然，这个成就的确很难得。可是在生理修炼上，只能说打下了初步的基础。长此以往，功夫越细密，对自己身体脉络的结构，才体会得越微细。再经修炼，才会认识到八万脉络是何等境况。

（5）既然脉是气的通道，那么，发展过程中，肯定是先有气，然后才有脉、轮。

我们回顾一下《入胎经》中这个小生命的演进。气——生命的基础能量，发展到第十三周时，孕育出最初步的脉轮——开展出脉轮的作用。

然后，第十四周时，肝经发挥了调达、疏泄的功能，帮着气机从混沌笼统的状态，发展出规律性的轨道。

到了第十五周时，终于开展出了八万脉络。

（6）现在还有一个问题，这里讲到脉有青、黄、赤、白、豆苏、油酪等各种颜色。西医看到这里，头更大了。如果说气嘛，反正眼睛看不见，而且气脉上穴位的皮肤表面，的确呈现了比较大的电阻反应。但是这里却说到这么明确的颜色，这就实在让人头晕目眩了。这些颜色在哪里啊？到哪里去看啊？

很有趣的，道家、中医对于人体经脉的结构、体系，与密宗归纳的不同，与这本经典介绍的也不相同。但是，他们把人体内部的五脏六腑，按照说法不同的生理功能，也配上了各种颜色。譬如心属火，是红色；肝属木，是青色；脾属土，是黄色；肺属金，是白色；肾属水，是黑色。

不要说西医了，但凡具备一些生理常识的，看到这些颜色的配对，都要大摇其头了。肝里面都是血，怎么会是青色？肾脏掏出来，明明是暗红的，再怎么看也不是黑色的啊！

比较包容的人们会认为，中医形成这些学说的时候，还没有解剖学，所以说的不科学，这是难免的。其实，中医非常科学，它的许多理论都建立在实证的基础上。如果具备了足够的静定修养，那么对体内经脉的走向，乃至脏腑的属性、光色，就会有所体认了。

我们举个比较浅近的例子：假使你静坐的时候，眼前呈现一片青色，那么你要当心，很可能肝出了问题。如果静下来，看到的是黑色，那么很可能肾有毛病了。不过，这些光色也可能不是生理方面的反应。譬如，黑色有时候也预示着外来的灾难；红色有时候也预示着血光之灾。总之，这些都属于身心科学研究的范畴，非常丰富，也很深奥，我们这里只能点到为止。

如果脏腑由于不同的生理功能，而配属不同的光色，那么气脉当然也同样的，由于不同的生理功能，而呈现各种不同的光色了。

这种光色，是生命能所放射的光，跟身体内部各种组织、器官的颜色，属于不同的范畴。所以，当我们这个生命死了，身体内部的气机停了，那么，各种不同生理功能所呈现的光色也没有了。但是各部分生理组织，在没有烂坏之前，它的颜色还是保持不变的。

有现代物理学知识的人就知道，不同的光色，是由不同的光波而来。其实，光除了粒子的特质外，同时也是一种波。现代科学在几十年前就已经知道，波是能量所表现出来的一种现象。也可以说，能量会呈现出一种波的状态。宇宙间充满了各种不同频率的波，我们肉眼看得见的波，又叫可见光，它在宇宙各种不同的波中，所占的比例非常非常小。

不同频率的光，呈现不同的光波，同时呈现不同的光色，有着不同的功效。譬如紫外线光有杀菌的作用，红外线光则有止痛的作用。在这个理论基础上，我们身体内部的脉络，由于不同的生理功能，当然也就呈现出各种不同的光色了。有关生命与光的关联，读者可参考朱文光博士著作的《生命的神光》一书（老古文化事业公司出版）。

（7）这个阶段的生理机能，叫做“莲花”，也很有意思。

①莲花的根、茎，和其他植物有所不同。不论它的根或者茎，里面都分布着一条条明显的、中空的管道，管壁上又分布着一些小孔隙。恰好象征人体气脉、网络的分布。

②脉轮的形状，就好像一朵绽放的莲花，在腹部有如一把倒转张开的伞，如伞状般的散布开来。

一般佛经里所谓的千叶莲花，就象征着生命里的这个化轮。一般显教不跟你谈气脉，但是气脉的道理往往就藏在一些比喻或者名词里。普通人看了，以为是佛经夸大其辞，殊不知里面正蕴藏着身心科学的内涵。密宗的“三脉七轮”，认为脐轮有六十四脉，那只是概要地归纳。事实上，它的微细脉络就如千叶莲花，一个一个数，是数不清的。

莲花盛开之后，当然就像其他花朵一样，会渐渐凋谢。但是它和其他植物的开花有所不同，它是花果同时——开花的同时，莲子就在莲蓬里成长；花瓣凋谢后，莲子也差不多成熟了。这又象征着生命中生生不已的生机。

任何人只要善于掌握这股生机，就能生生不已地与天地同休，与日月并明。于是道家有所谓的长生不老，而佛家则传下了留形住世（注）的佳话。

（注）释迦牟尼佛圆寂前，吩咐罗睺罗、君荼钵叹、宾头卢尊者、迦叶尊者这四大弟子留形住世。保持这个肉体的生命，一直活下去，给世人做个活的证明——生命的力量是不可思议而永无止境的。

第十六个七天

难陀，第十六七日，于母腹中，有风名曰甘露行。

此风能为方便，安置胎子二眼处所。如是两耳、两鼻、口咽、胸臆，令食入得停贮之处，能令通过出入气息。

譬如陶师及彼弟子，取好泥团，安在轮上，随其器物，形势安布，令无差舛。

此由业风，能作如是，于眼等处，随势安布，乃至能令通过出入气息，亦无爽失。

第十六个七天当中，生理机能发挥了“甘露行”的特质，把胎儿的两眼安置妥当。

同时，两个耳朵、两个鼻孔、口腔、咽喉，以及通过食物的食道管，通过呼吸的气管，都生长发育起来。

就好像做陶器的师父，帮助他的徒弟，选了质地细腻、可以做陶器的泥团，放在做陶坯的转轮上，做出想要做的东西。

这股生理机能就是这样的，安置了两眼、两耳、口、鼻，以及食道、气管等，使得各就其位，以备各司其职。

上面是这一段经文的白话解释。现在，有几点要提起大家注意。

(1) 西医的胚胎学里，在第十六周末时，胎儿的两眼向前迁移，同时耳朵在头的两边，明显地长了出来。

(2) 释迦牟尼佛在这里用泥坯在转轮上的比喻，很有意思，恰好象征了脉轮的作用。

这一段文字所描述的生理变化，用密宗的观点来讲，涉及头轮、眉间轮、喉轮及心轮的范围。

(3) 从这段文字来看，似乎只讲了上半身。“令食入得停贮之处，能令通过出入气息。”这句话的语意不是很明确，是不是涉及消化、排泄系统？有没有涉及下半身？还是只发展到胃部呢？

现在让我们再参考一下《佛为阿难说处胎会》，看它这一段怎么说的呢？

十六七日处母胎时，复感业风名为甘露。由此风力，令此眼、耳、鼻、口、胸臆、心脏、四边（注1）、九孔（注2）之处，悉令开发。出入气息上下通彻，无有障碍。（注3）若有饮食，滋润其身，有停积处，复能销化，从下流出。（注4）譬如窑师及其弟子，能善调泥，安布轮绳，下上回转，所造器物而得成就。此亦如是，皆由风力及善恶业，令眼耳等，渐渐具足。

（注1）四边：指的是身前、身后、身左、身右。

（注2）九孔：也就是我们通常说的九窍。参考原经文第九七日的“九相”，及第十一七日的“九孔”。

（注3）“出入气息上下通彻，无有障碍。”胎儿还没有接触到外面的大气，所以这个“出入气息”，不是指肺部的呼吸，它指的是包括了呼吸系统的全身的气机。道家有所谓“真人之息以踵”，修炼有成就的人，气机就如胎儿那样，上下通畅，直到脚底。“众人之息以喉”，一般的凡人，都在忙乱烦恼中，没有静定的修养，“方生方死”，分分秒秒都在外放、消耗。原本胎儿时期“上下通彻，无有障碍”的气机，逐渐衰弱、闭塞，到后来，就只剩下肺部的呼吸还是通畅。所以说，“众人之息以喉”。

（注4）饮食的通道、贮存、消化、排泄等功能，都在发育成长中。

今按：

(1) 读了《处胎会》这段原文，意义明朗了。很明显的，这第十六周的生理变化，不仅仅限于上半身的组织、功能，它影响到全身的范围。

(2) 如果就实际的气脉修证而言，海底气机发动后，沿着中脉上冲顶轮。不论密宗或者道家，都是这个路线。顶轮的运化，直接影响到脑垂体以及下丘脑的荷尔蒙；由此，又关联到全身的荷尔蒙系统。吕纯阳《百字铭》所说的“白云朝顶上，甘露洒须弥”，就是指的这个境况。

生命在母体里的发育，大致循着类同的路线。经脉网络孕育之后，到了这第十六七日，由脐轮运化出的生命能，向下通至海底；向上，则经由凡轮、喉轮、眉间轮而至顶轮。所以，《处胎会》这本经的比喻，说到“安布轮绳，下上回转，所造器物，而得成就”，藉着“轮绳”以及“下上回转”，象征这个阶段脉轮的运化。

顶轮一经开发，同时关联到荷尔蒙系统的发育。荷尔蒙与人体的生长，新陈代谢的活动，乃至各个脏器的功能，都有密切的关系。

在脉轮（气大）以及荷尔蒙（水大）的双重作用下，胎儿成长、发育着。所以《处胎会》上说，“由此风力，令此眼、耳、鼻、口、胸臆、心脏、四边、九孔之处，悉令开发。出入气息上下通彻，无有障碍。”

(3) 如我们前面所说，每种业风的名字，都有它的含义。如果把住胎当中这些业风的名字一一陈列出来，我们不难发现“甘露行”这个名字的特殊性。

在这第十六周之前的业风，依次命名为：羯罗蓝、遍触、刀鞘口、内门、摄持、广大、旋转、翻转、分散、坚鞕、疏通、曲口、线口、莲花。

在这之后的业风的名字为：毛拂口、无垢、坚固、生起、浮流、净持、滋漫、持城、生成、曲药、花条、铁口、蓝花。

前后对照下来，“甘露行”这个名字，似乎特别凸显了体内腺体的成长、运行。看到这里，我们不免好奇，西医胚胎学对于这个阶段，又有哪些研究成果呢？

（4）根据胚胎学的研究显示，到了第四个月时，脑垂体的各组成部分已经基本分化。在细胞分化的同时，脑垂体的分泌功能也在同步地发展着。

由于脑垂体的分泌，又带动了其他的内分泌系统。恰好，第四个月时，胎儿体内产生了胰岛素以及微量的肾上腺素。同时在一百天左右，胎儿的血液中测量出了甲状腺素。

除了上面各种内分泌的发展，胎儿体内其他的分泌，譬如由胸腺和骨髓分化出的淋巴细胞，也在第四个月时，进入了血循环。胎儿的汗腺，则在第十五、十六周左右，开始出现在手掌，以及脚底部位。至于胎儿的脂性分泌，也是在第十六周至十七周时，开始了活动。

看到这里，我们禁不住再一次地讶异，两千五百年前，释迦牟尼佛是如何能窥知这微妙的变化，而把这个周期的生理机能命名为"甘露行"，同时又做了那么简单扼要的叙述呢?!

第十七个七天

难陀，第十七七日，于母腹中，有风名曰毛拂口。此风能于胎子眼、耳、鼻、口、咽喉、胸臆、食入之处，令其滑泽，通出入气息，安置处所。

譬如巧匠，若彼男女，取尘翳镜，以油及灰，或以细土，揩拭令净。此由业风，能作如是安布处所，无有障碍。

第十七周的生理机能叫"毛拂口"。能使胎儿的眼、耳、鼻、口、咽喉，乃至呼吸系统、循环系统、消化系统等等，更加润泽、通畅。

就好比巧手的工匠，用油沾上粗灰或者细土，把积了尘垢的镜子擦拭干净。这周的生理机能就是这样，使得各处发育妥当。

今按：

我们前面讲到，胎儿到第十六至十七周时，开始了脂性分泌。而《入胎经》这里则说到"令其滑泽"，同时又做了譬喻说"以油及灰"、"揩拭令净"。

第十八个七天

难陀，第十八七日，于母腹中，有风名曰无垢，能令胎子六处清净。

如日月轮，大云覆蔽，猛风忽起，吹云四散，光轮清净。难陀，此业风力，令其胎子六根清净，亦复如是。

在第十八周，一股叫“无垢”的生理机能，使得胎儿的六处（眼、耳、鼻、舌、身、意等整体的生理器官、组织）得以清爽。

好比太阳、月亮被云遮住。忽然起了大风，将云吹散开来，阳光、月光就朗照中天。这个时期的气机使得胎儿六根清爽的机理，大致就是如此。

今按：

胎儿越趋成熟，它的各个器官、组织间的界限才越趋完整、清晰地孕育出来。譬如孵化中的小鸡，如果时间没到，提早几天把蛋壳剥开，那么小鸡的眼睛、耳朵、绒毛等等都还没有发育完成，很可能还是血肉模糊的，很不清爽。

胎儿在母体里也是如此，没发育完成前，眼睛、耳朵等各部分组织的界限都还不够完整，当然，也就不清爽。到了第十八周，发育得比较成熟了，所以这里说，“令其胎子六处清净”。

第十九个七天

难陀，第十九七日，于母腹内，令其胎子成就四根，眼耳鼻舌。入母腹时，先得三根，谓身命意。

胎儿的眼、耳、鼻、舌这几部分的组织，经过前面“无垢”的生理作用清爽之后，这一周发育得更成熟了。至于身根、命根、意根这三部分，是初入胎时就已经有了的。

第二十个七天

难陀，第二十七日，于母腹中，有风名曰坚固，此风依胎，左脚生指节二十骨，右脚亦生二十骨，足跟四骨，膞有二骨，膝有二骨，髀有二骨，腰髋有三骨，脊有十八骨，肋有二十四骨。复依左手，生指节二十骨；复依右手，亦生二十。腕有二骨，臂有四骨，胸有七骨，肩有七骨，项有四骨，颔有二骨，齿有三十二骨，髑髅四骨。

难陀，譬如素师（注），或彼弟子，先用鞕木，作其相状，次以绳缠，后安诸泥，以成形像，此业风力，安布诸骨，亦复如是。此中大骨，数有二百，除余小骨。

（注）素师，又作“塑师”。

到了第二十周，一股叫“坚固”的生理机能，发育出许许多多的骨头。

就好比一个雕塑师和他徒弟一起，要塑成一尊像，首先要用木头做出一个架子，然后用绳子缠好，最后再敷上泥料，才完成一尊塑像。这一周，“坚固”的气机，发育出大大小小的骨头，也就是这个道理。其中，除了细小的骨节外，大一点的骨头总共差不多有两百个。

今按：

（1）一般成人骨头有二百零六块，婴儿刚生下来有三百多个，后来有些骨头相互融合，就成为二百零六个。

《入胎经》这一段，有关各部位骨头的数字，并不准确，甚至有不少出入。这是怎么回事？

我们知道，佛经是弟子们在佛陀去世后，凭着记忆追录的。为了佛经的记录，佛陀的弟子和再传弟子们，分裂为上座部和大众部，各持己见，相互非议。所以这一部分传述下来的骨节数字，究竟是否确为佛陀当年所说，我们实在不得而知。

不过，我们前面曾经提起大家注意，这本经的重点并不在于胚胎学的介绍。释迦牟尼佛说此经的目的，意在点醒难陀对于女色、欲乐的沉迷。于是就入胎、住胎的过程，顺手拈来，作为方便说法的题材。所以，在介绍过程中，即使略有出入，也不足以影响他在身心修证方面的卓越成就。

（2）骨骼系统的发育，早在胚胎的第五周时就已经开始，逐步经过软骨内成骨的方式，骨化成骨。

到了第二十一周，肢体的比例已经和出生时差不多，各部位的骨节，大部分已经定数、定型。或许就是这个原因，所以释迦牟尼佛在第二十周时，把全身的骨节做了概要的介绍。

第二十一个七天

难陀，第二十一七日，于母腹中，有风名曰生起，能令胎子身上生肉。譬如泥师，先好调泥，泥于墙壁。此风生肉，亦复如是。

释迦牟尼佛继续对难陀说，第二十一周，一股叫“生起”的生理机能，使得胎儿生出肌肉。就好比泥水匠，把泥调好后，涂到墙上。

今按：

据现代医学的研究观察，从二十一周后，胎儿的体重迅速增长。

第二十二个七天

难陀，第二十二七日，于母腹中，有风名曰浮流，此风能令胎子生血。

第二十二周时，一股叫“浮流”的生理机能，使得胎儿生血。

今按：

西医胚胎学的研究观察，血细胞早在第四周左右，已经由卵黄囊制造出来。随后，由肝、脾接替了造血的功能。但是，直到二十二周左右，细微血管才开始清楚地显现出来。

第二十三个七天

难陀，第二十三七日，于母腹内，有风名曰净持，此风能令胎子生皮。

第二十三周时，叫做“净持”的生命能，使胎儿的皮肤组织发育完整。

今按：

西医胚胎学的观察，恰好在这一周里面（第 160 天左右），胎儿的表皮有了成长组织的特征。

第二十四个七天

难陀，第二十四七日，于母腹中，有风名曰滋漫，此风能令胎子皮肤光悦。

第二十四周时，一股叫“滋漫”的生理机能，使得胎儿皮肤光润。

第二十五个七天

难陀，第二十五七日，于母腹中，有风名曰持城，此风能令胎子血肉滋润。

到了第二十五周，叫做“持城”的生理机能，使得胎儿血肉滋润。

今按：

目前西医认为，二十六周左右，皮下脂肪逐渐积聚，皮肤皱褶减少，肤色由暗红转为浅红。

第二十六个七天

难陀，第二十六七日，于母腹中，有风名曰生成，能令胎子身生发毛爪甲，此皆一一共脉相连。

难陀，第二十六周时，有股叫“生成”的生理机能，使胎儿生出毛发、指甲。这些毛发、指甲，和体内的气脉也是相连的。

今按：

（1）头发、指甲这些角质组织没有神经分布。但是，如果我们经过相当程度的静养，就会感受到它们上面也分布着无数的毛细孔，也有气息出入。

（2）西医胚胎学里，第二十六周长出脚指甲。至于手指甲，则在稍早一两周出现。

第二十七个七天

难陀，第二十七七日，于母腹中，有风名曰曲药，此风能令胎子，发毛爪甲悉皆成就。

难陀，第二十七周时，有股生理机能叫“曲药”，使胎儿的毛发、指甲等都发育完成。

今按：

释迦牟尼佛对这第二十七周的介绍比较特别。前面二十六个周期，都在陈述生理的变化。到这第二十七周时，生理方面的介绍，只有上面短短的一句。随后讲的一大段，都是有关胎儿的因果报应。

这是什么原因呢？现在让我们先继续看这个周期的原文，然后再做讨论。

难陀，由其胎子先造恶业，悭涩吝惜，于诸财物，坚固执著，不肯惠施；不受父母师长言教。以身语意，造不善业，日夜增长，当受斯报。若生人间，所得果报，皆不称意。

如果这个胎儿从前非常吝啬，从来舍不得把自己的财物分送给别人，同时又不听从父母师长的教诲，身、口、意这几方面不断造作恶业，那么如果转生为人的话，就会有下面各种不如意的恶报。这本经把它大致归纳为三大类。

（一）

若诸世人，以长为好，彼即短；若以短为好，彼即长。

以粗为好，彼即细；若以细为好，彼即粗。

若支节相近为好，彼即相离；若相离为好，彼即相近。

若多为好，彼即少；若少为好，彼即多。

爱肥便瘦，爱瘦便肥；爱怯便勇，爱勇便怯；爱白便黑，爱黑便白。

（按：上面这一段，主要叙述胎儿外观方面的果报。）

如果当时社会上认为长得高大才好，他就会长得矮小；如果认为长得短小才好，他就长得高大。

如果一般人认为粗犷才好，他就长得细小；反过来，如果一般人认为细小才好，他就长得粗犷。

如果当时认为某些支节部位长得接近比较好，他就恰恰离得远；如果认为那些部位长得远些比较好，他就偏偏长得近。

如果认为某些部位长得多一点才好，那么他就长得少；相反的，如果当时认为某些部位长得少才好，那么他就偏偏长得多。

当时如果喜欢肥胖，他就长得清瘦；当时如果喜欢清瘦，他就长得肥胖。

当时如果喜欢柔弱斯文，他就长得魁武勇猛；当时如果喜欢魁武勇猛，他就长得柔弱斯文。

当时如果认为长得白才美，他就长得黑；认为黑才美，他就长得白。

（二）

难陀，又由恶业，感得恶报：聋盲瘖哑，愚钝丑陋。所出音响人不乐闻，手足挛躄，形如饿鬼。亲属皆憎，不欲相见，况复余人。

（按：这一段，主要叙述胎儿生理机能方面的果报。）

难陀，由于从前的恶业，还可能招致一些其他的恶果。譬如聋、盲、哑，或者痴呆，或者讲话的声音让人听了讨厌，或者手脚扭曲变形，或者长得丑陋，像个饿鬼。连亲人们看了都觉得讨厌，至于其他的人，就更不想和他接近了。

（三）

所有三业，向人说时，他不信受，不将在意。何以故？由彼先世造诸恶业，获如是报。

（按：这一段，则是人际关系方面的果报。）

由于从前在身、口、意方面所造的恶业，这一生所说的话，人们听了不信服，也不接受；即使再有道理，人们也不放在心上。

以上这些，就因为前生造作了各种恶业，所以得到这生种种的恶报。

讲完了恶报之后，下面继续介绍的就是善报方面。

难陀，由其胎子先修福业，好施不悭，怜愍贫乏，于诸财物，无吝着心，所造善业，日夜增长，当受胜报。若生人间，所受果报，悉皆称意。

难陀，如果这个胎儿从前修了很多福德，对自己的财物毫不吝惜，一向慷慨好施，积功累德下来，就会得到好的善报。如果转生为人，所得的果报就是称心如意的。

释迦牟尼佛讲到善报方面，同样的，也归纳为三大类。

（一）

若诸世人，以长为好，则长；若以短为好，则短；粗细合度，支节应宜。多少肥瘦，勇怯颜色，无不爱者。

（按：这是就外观方面来说。）

如果当时一般人认为长得高大才好，他就会长得高大；如果当时一般人认为长得短小才好，他就长得短小。总之，粗细、比例、多少、肥瘦、气质、肤色等等，都恰恰合于时宜，得人喜爱。

（二）

六根具足，端正超伦，辞辩分明，音声和雅，人相皆具，见者欢喜。

（按：这部分属于生理机能以及内五行方面。）

五官端正，四肢健全，气质端庄，谈吐大方，声音悦耳。总之，内外五行都可圈可点，自然具有一股吸引力，使得人们都乐于同他亲近。

（三）

所有三业，向人说时，他皆信受，敬念在心。何以故？由彼先世造诸善业，获如是报。

（按：这部分属于人际关系方面。）

由于从前在身、口、意三方面的善业功德，所以这生说出的话，人们都会听信，而且非常敬重地乐于接受。

上面所列举的各方面的善报，就是由于从前所做的各种善行而来。

讲过了胎儿前生今世的因果关系之后，接着叙述的就是胎儿当时在母体里的受报状况。

难陀，胎若是男，在母右胁，蹲踞而坐，两手掩面，向母脊住。

若是女者，在母左胁，蹲踞而坐，两手掩面，向母腹住。

如果是男胎，多半偏向母亲的右胁，两臂在胸前弯曲着，两手对着自己的脸，半蹲半坐地面向着母亲的背脊。

如果是女胎，多半偏向母亲的左胁，两手弯曲地对着自己的脸，半蹲半坐地面向母亲的肚皮。

在生藏下，熟藏之上，生物下镇，熟物上刺，如缚五处，插在尖标。

今按：

（1）如果就生理部位来讲，“生藏”相当于胃部，“熟藏”相当于膀胱。刚装进肚里的东西，就是“生物”，经过分解、消化后的，就是“熟物”。

（2）有关生藏、熟藏，释迦牟尼佛在《禅秘要法》里也提到。读者可参考南怀瑾老师《禅秘要法》的白话解释——《禅观正脉》，书中同时附有洪文亮医师从西医角度对白骨观的一些诠释，其中也提到了对生藏、熟藏的看法。

（3）这段原文的最后一句“插在尖标”是什么意思呢？为了明确起见，我们再参考《处胎会》中相关的经文：

生藏之下，熟藏之上，内热煎煮，五处系缚，如在革囊。

子宫里的胎儿，被装了食物的胃部向下压，同时又被装了尿液的膀胱向上挤。整个躯干和四肢就好像紧紧地被裹在这个皮袋里。

若母多食，或时少食，皆受苦恼。如是，若食极腻，或食干燥，极冷极熱，咸淡苦醋，或太甘辛，食此等时，皆受苦痛。

如果母亲吃多了，或者吃少了，胎儿都会受到感应，都会觉得不舒服。如果吃得太油腻，或者太干燥、太冷、太热，或者太咸、太淡、太苦、太酸、太甜、太辣等等，胎儿都会觉得不舒服。

若母行欲，或急行走，或时危坐，久坐久卧，跳踯之时，悉皆受苦。

如果母亲行房事，或者走路走得太快，或者坐得笔直，或者坐久一点，躺久一点，或者跳上跳下，胎儿在里面都会觉得很痛苦。

难陀，当知处母胎中，有如是等种种诸苦，逼迫其身，不可具说。于人趣中，受如此苦。何况恶趣地狱之中，苦难比喻。

是故难陀，谁有智者，乐居生死无边苦海，受斯厄难?!

难陀，你要知道，在母腹里受到的各种痛苦，详细状况数说不清的。上面这些，还只是转生人胎所受的煎熬。如果转生其他恶道或者地狱的话，所受的苦难更是无法想象。

所以说难陀啊，一个有智慧的人，怎么可能爱恋这个生命，又怎么会愿意沉溺在这无边的苦海中呢?!

今按：

(1) 讲完了这些果报之后，进入第二十八周——这是目前法律上认为胎儿能够脱离母亲独立生存的分界。因为这期间，肺部已经发育完成，神经系统也趋向成熟，体温调节和呼吸神经中枢的功能也已建立。胎儿已经开始具备在母体外生存的能力。

(2) 释迦牟尼佛恰好在这分界的第二十八周前，插入一大段有关胎儿的因果报应，似乎又是个巧妙的安排。

(3) 进入这分界的第二十八周，经文里是怎么说的呢？这段描述也很有意思。

第二十八个七天

难陀，第二十八七日，于母腹中，胎子便生八种颠倒之想。云何为八？所谓屋想、乘想、园想、楼阁想、树林想、床座想、河想、池想。实无此境，妄生分别。

胎儿生出八种颠倒的妄想，呈现出房屋、车乘、庭园、楼阁、树林、床座、河流、水池等境界。

今按：

外在世界的景象在这个周期出现，或许也寓意着，胎儿已经具备了到母体外独立生存的能力。

第二十九个七天

难陀，第二十九七日，于母腹中，有风名曰花条，此风能吹胎子，令其形色鲜白、净洁。或由业力，令色黧黑，或复青色，更有种种杂类颜色。或令干燥，无有滋润。白光黑光，随色而出。

第二十九个七天当中，一股叫“花条”的生理机能，使胎儿肤色显得鲜白、洁净。由于业力的不同，也可能是黑色，或者带着青黄乃至其他一些颜色。业力好的话，皮肤润泽有光；业力差的话，皮肤就干燥枯涩。

照目前西医的研究，大约第二十六周开始，皮下脂肪逐渐积聚，所以胎儿皮肤较白。

从第三十到三十四周，体内脂肪大约占体重的百分之八。所以胎儿日见丰润，皮肤也逐渐转白。

第三十个七天

难陀，第三十七日，于母腹中，有风名曰铁口。此风能吹胎子发毛爪甲，令得生长。白黑诸光，皆随业现，如上所说。

难陀，第三十周时，一股生理机能叫“铁口”，使胎儿的毛发爪甲，发育得完善齐全而有光泽。

第三十一至第三十四个七天

难陀，第三十一七日，于母腹中，胎子渐大。如是三十二七、三十三七、三十四七日已来，增长广大。

释迦牟尼佛继续说，难陀，从第三十一周，经过第三十二、三十三、三十四周，胎儿逐渐长大、长胖。

今按：

照西医的胚胎学来说，从三十到三十四周，由于体内脂肪积聚，所以胎儿除了皮肤转白之外，手脚和体躯也逐渐变得肥胖。过了三十四周，胎儿的生长又缓慢下来。

第三十五个七天

难陀，第三十五七日，子于母腹，支体具足。

难陀，到第三十五周时，胎儿已经发育得相当完备。

第三十六个七天

难陀，第三十六七日，其子不乐住母腹中。

到了第三十六周时，胎儿已经不再喜欢住在母亲肚里了。

第三十七个七天

难陀，第三十七七日，于母腹中，胎子便生三种不颠倒想。所谓不净想、臭秽想、黑暗想，依一分说。

难陀，到第三十七周时，胎儿在母亲肚子里，有了三种确实的感受，觉得很不干净，而且气味恶臭，周遭黑暗。

第三十八个七天

难陀，第三十八七日，于母腹中，有风名曰蓝花。此风能令胎子转身向下，长舒两臂，趋向产门。

次复有风，名曰趣下，由业力故，风吹胎子，令头向下，双脚向上，将出产门。

难陀，第三十八周时，一股叫“蓝花”的生理机能，使胎儿转身朝下，趋向子宫口。

同时又有股叫“趣下”的生理机能，将头下脚上的胎儿推出产门。

今按：

现代医学的研究，母体在怀孕的第三十八周时，脑垂体曾分泌大量的催产素。生产时，该激素使子宫壁强烈收缩，同时使子宫颈肌纤维松弛。于是子宫口扩张，同时藉着子宫壁肌、母体腰肌的收缩，胎儿逐渐被推出母体。

难陀，若彼胎子，于前身中造众恶业，并堕人胎。由此因缘，将欲出时，手足横乱，不能转侧，便于母腹以取命终。

如果这个转为人胎的胎儿前生造了许多恶业，将要出生时，很可能由于先世的罪业，手脚横侧，头部无法顺利转下，无法脱出子宫，那么就会胎死腹中。

时有智慧女人，或善医者，以煖酥油，或榆皮汁，及余滑物，涂其手上。即以中指夹薄刀子，利若锋芒，内如粪厕。黑闇臭秽可恶坑中，有无量千虫恒所居止，臭汁常流，精血腐烂，深可厌患，薄皮覆盖，恶业身疮。

这时，必须有个聪明伶俐的女人，或者懂得医术的，用软酥油或榆皮汁，或者其他的润滑物涂在手上。然后用中间的两指夹住锋利的刀片，进入腹内。这里面就好像是个又黑又臭的粪坑，有数不清的虫，到处是臭汁烂肉。总之，我们这层薄皮下面，就是一摊恶业身疮。

于斯秽处，推手令入，以利刀子，脔割儿身，片片抽出。其母由斯，受不称意，极痛辛苦，因此命终。设复得存，与死无异。

手指夹着刀子进入子宫，用小刀把胎儿一片片割下，取出。这时母体因此劫难非常痛苦，很可能因此丧命。即使有幸母命保住了，也是元气大伤，像是死过一回。

难陀，若彼胎子善业所感，假令颠倒，不损其母，安隐生出，不受辛苦。

难陀，如果这个胎儿由于善业因缘，头向下地顺利出生，那么就母子平安。

难陀，若是寻常无此厄者，至三十八七日将欲产时，母受大苦，性命几死，方得出胎。

难陀，汝可审观，当求出离。

多数到了三十八周要临盆时，母亲都经过非常痛苦的折磨，才把胎儿生出来。

难陀啊，生命就是这样来到人间的。你想想看，哪儿有一片净土？哪儿有一块乐园呢？你看清楚了，就要好好发心，跳出这生死轮回啊！

《入胎经》到这里告一段落，但是我们的问题并没有告一段落，并没有解决。譬如释迦牟尼佛在这本经典最后，叮咛难陀“当求出离”。——究竟怎么样跳出生死？

怎么样不再被轮回所转？为了正视这些问题，有几点我们必须再作强调说明。

（1）真能从生死的轮回中跳出来，不再被生死、烦恼所转，才叫解脱。解脱不完全等于悟道。照见一念无明，觉悟到生命的本来，这是般若，又叫悟道。悟道之后，配合修证，不论何时何地，都能照见五蕴皆空，都在常、乐、我、净的境界，这才是解脱。解脱了，连解脱这个概念都放下，不认为自己在解脱，不认为自己在修行，这才算真正证到不生不死、不垢不净的法身。

所以，法身、般若、解脱虽然是三位一体，却也是一体的三面。唐朝的永嘉大师针对这个关键有过很精辟的解说——“法身不痴即般若，般若无着即解脱，解脱清净即法身。”

（2）我们已经知道，这个生命是由性欲关头的一念无明，配合父亲的精虫，母亲的卵子，由这三缘和合而来。

神识一旦转进去了，也就是这三缘一旦结合起来，就好像奶粉、白糖和水搅在一起。水里有糖，有奶粉；奶粉里有水，也有糖；糖里又有水和奶粉。这三样东西混成一体了。不经过特别的处理，是分不开了。

神识一旦转入胚胎里，又好比一只苍蝇，停到电扇中间的转轴上。停上去之后，电扇转动了，这么一转动，里面那只苍蝇便再也飞不出来了。

神识在入胎前，属于心灵——肉眼看不见的能量的状态；而精虫、卵子则是有形有状的物质的状态。神识和受精卵一结合，就成为质、能的结合。这个之后，“能”就受到“质”的制约，也就是精神（心）被物质（物）所困，心被物所转了。

（3）我们要求解脱，就是要做到不被物质所困，甚至于反过来，从心所欲地主导物质，调配物质，这也就是所谓“心能转物，即同如来”的道理。

关于这点，《楞严经》做了非常扼要的提示，那就是“生因识有，灭从色除”——要想解脱，必须从色法上下手。

（4）从色法上下手，也就是调理色身、修炼气脉。

佛学把色法（物理部分）归纳成“五大”：地、水、火、风、空。不论从哪一大下手起修——譬如不净观（属地大）、水观（属水大）、火观（属火大）、安那般那（属风大），到最后都要通到空大，才可能超越物质、色法的束缚。

而“四大”当中又以“风大”和“空大”最为接近。安那般那就是利用“风大”起修。比较起来，修“风大”最容易证到“空性”。这也就是为什么释迦牟尼佛特别提出安那般那，认为这个修法特别奥妙的关键所在。

（5）除了色法部分，我们生命还有心法部分。因此《楞严经》在“五大”之外，又加了“觉、识”，而成为“七大”。如果从“风大”起修，进入“空大”，超越了物质、生理方面的障碍，同时配合心智上的觉悟，解脱“觉、识”这两大，那才算是真正得了自在。

所以，安那般那的修法，不是只练呼吸，而是从呼吸下手，然后通达“清净本然，周遍法界”的真空妙有，即空即有，非空非有，才是究竟。

（6）尽管佛法一再强调唯心，但是严格说来，有个很严重的问题，那就是一般的修证，不论见解还是功夫、境界，差不多都在唯物方面转。

究竟心如何变成物？心物怎么样一元？无法求证到，这是个大问题。真求证到心转了物、心物圆融无碍了，才算真正见了道，证了道。

（7）我们不能见道，不能证道，简单说，就是业力的关系。我们这个后天生命整个都是业力在起作用。所谓力，就是一股力量。虽说是唯心的，但同时连带着物，所以严格说，它（业力）也是心物一元的。

所谓业力，所谓习气，不单单指我们现在的思想。我们现在所想的，所感受的，都还是这股业力的现象、外表。促使每种思想模式、喜欢类型不同的那个根源，才是业力所在。那是看不见、摸不着的。

千万不要以为自己思想清净了，念头停止了，没有了，就以为没有业了。要知道，即使处于睡眠状态，都是业；即使断了气，死亡的境界，也还是在业中；甚至于打起坐来，一念清净，那也是业。

总之，我们所有的细胞，任何心理状态，里里外外，整个都是由业力、业气所形成。

一般说习气转不了，很难转得过来。这是过去多生累积的习惯、习性，也叫业习。转得过来，才叫修行。

（8）所以，听到一句“灭从色除”，千万不要又被这句话所误。如果一味地只管色身气脉，而不注意“心理结使”的去除，那就真要驴年马月才得解脱了。

附　录

大宝积经卷五十七

佛说入胎藏会（二）

大唐三藏　义净译

尔时世尊复告难陀："汝今既知胎苦、生苦，应识凡受胎生者，是极苦恼。初生之时，或男或女，堕人手内，或在衣等，安在日中，或在阴处，或置摇车，或居床席怀抱之内。由是因缘，皆受酸辛楚毒极苦。

难陀，如牛剥皮，近墙而住，被墙虫所食；若近树草，树草虫食；若居空处，诸虫唼食；皆受苦恼。初生亦尔，以煖水洗，受大苦恼。如癞病人皮肤溃烂，脓血横流。加之杖捶，极受楚切。生身之后，饮母血垢而得长大。言血垢者，于圣法律中，即乳汁是。

难陀，既有如是种种极苦，无一可乐，谁有智者，于斯苦海而生爱恋，常为流转无有休息?!

生七日已，身内即有八万户虫，纵横啖食。难陀，有一尸虫，名曰食发，依发根住，常食其发。有二户虫：一名伏藏，二名麁头。依头而住，常食其头。有一户虫，名

(注)《大宝积经》第五十六卷为《佛说入胎藏会》(一)，即通常所说的《佛说入胎经》，第五十七卷为此经文的第二部分。

曰绕眼，依眼而住，常食于眼。有四户虫：一名驱逐，二名奔走，三名屋宅，四名圆满。依脑而住，常食于脑。有一户虫，名曰稻叶，依耳食耳。有一户虫，名曰藏口，依鼻食鼻。有二户虫：一名遥掷，二名遍掷，依唇食唇。有一户虫，名曰蜜叶，依齿食齿。有一户虫，名曰木口，依齿根食齿根。有一户虫，名曰针口，依舌食舌。有一户虫，名曰利口，依舌根食舌根。有一户虫，名曰手圆，依腭食腭。复有二户虫：一名手网，二名半屈，依手掌食手掌。有二户虫：一名短悬，二名长悬，依腕食腕。有二户虫：一名远臂，二名近臂，依臂食臂。有二户虫：一名欲吞，二名已吞，依喉食喉。有二户虫：一名有怨，二名大怨，依胸食胸。有二户虫：一名螺贝，二名螺口，依肉食肉。有二户虫：一名有色，二名有力，依血食血。有二户虫：一名勇健，二名香口，依筋食筋。有二户虫：一名不高，二名下口，依脊食脊。有二户虫，俱名脂色，依脂食脂。有一户虫，名曰黄色，依黄食黄。有一户虫，名曰真珠，依肾食肾。有一户虫，名曰大真珠，依腰食腰。有一户虫，名曰未至，依脾食脾。有四户虫：一名水命，二名大水命，三名针口，四名刀口，依肠食肠。有五户虫：一名月满，二名月面，三名晖曜，四名晖面，五名别住，依右胁食右胁。复有五虫，名同于上，依左胁食左胁。复有四虫，一名穿前，二名穿后，三名穿坚，四名穿住，依骨食骨。有四户虫：一名大白，二名小白，三名重云，四名臭气，依脉食脉。有四户虫：一名师子，二名备力，三名急箭，四名莲花，依生藏食生藏。有二户虫：一名安志，二名近志，依熟藏食熟藏。有四户虫：一名盐口，二名蕴口，三名网口，四名雀口，依小便道食尿而住。有四户虫：一名应作，二名大作，三名小形，四名小束，依大便道食粪而住。有二户虫：一名黑口，二名大口，依髀食髀。有二户虫：一名癞，二名小癞，依膝食膝。有一户虫，名曰愚根，依胫食胫。有一户虫，名曰黑项，依脚食脚。

难陀，如此之身甚可厌患，如斯色类，常有八万户虫，日夜唉食。由此令身热恼羸瘦，疲困饥渴。又复心有种种苦恼，忧愁闷绝，众病现前，无有良医能为除疗。

难陀，于大有海生死之中，有如是苦，云何于此而生爱乐？复为诸神病之所执持。所谓天神、龙神八部所持，及诸鬼神，乃至羯吒布单那，及余禽兽诸魅所持，或为日月星辰所厄。此等鬼神作诸病患，逼恼身心，难可具说。”

佛告难陀：“谁于生死乐入母胎，受极辛苦？如是生成，如是增长，饮母乳血及诸饮食，妄生美想，渐至长成。假令身得安乐无病，衣食恣情，寿满百岁，于此生中，睡眠减半。初为婴儿，次为童子，渐至成长。忧悲患难，众病所逼。无量百苦，触恼其身，难可说尽。身内诸苦难忍受时，不愿存生，意便求死。如是之身，苦多乐少。虽复暂住，必当谢灭。

难陀，生者皆死，无有常存。假使药食资养寿命，得延年岁，终归不免死王所杀，送往空田。是故当知，生无可乐。来世资粮应勤积集，勿作放逸，精修梵行，莫为懒惰。于诸利行、法行、功德行、纯善行，常乐修习。恒观自身善恶二业，系在于心，勿令后时生大追悔。一切所有爱乐之事，皆悉别离。随善恶业，趣于后世。

难陀，寿命百年，有其十位：初谓婴儿位，卧于襁褓；二谓童子，乐为儿戏；三谓少年，受诸欲乐；四谓少壮，勇健多力；五谓盛年，有智谈论；六谓成就，能善思量巧为计策；七谓渐衰，善知法式；八谓朽迈，众事衰弱；九谓极老，无所能为；十谓百年，是当死位。难陀，梗概大位，略说如是。计准四月以为一时，百年之中有三百时，于春夏冬各有其百。一年十二月，总有一千二百月。若半月为数，总有二千四百半月。于三时中各有八百半月，总有三万六千昼夜。一日再食，总有七万二千度食。虽有缘不食，亦在其数。不食缘者，所谓嗔恨不食，遭苦不食，或求索不得，睡眠、持斋、掉戏不食，事务不食。食与不食，而共合集，数有尔许，并饮母乳。人命百年，我已具说。年月昼夜及饮食数，汝应生厌。

难陀，如是生成长大，身有众病。所谓头目、耳、鼻、舌、齿、咽、喉、胸、腹、手、足、疥、癞、癫、狂、水肿、咳嗽、风、黄、热、瘾，众多疟病，支节痛苦。难陀，人身有如是病苦。复有百一风病，百一黄病，百一痰瘾病，百一总集病，总有四百四病，从内而生。难陀，身如痈箭，众病所成，无暂时停，念念不住。体是无常，苦，空，无我。恒近于死，败坏之法，不可保爱。难陀，凡诸众生复有如是生受苦痛，谓截手足眼耳鼻舌头及支分。复受狱囚，枷锁杻械，鞭打拷楚，饥渴困苦，寒热雨雪，蚊虻蚁子，风尘猛兽及诸恶触。种种诸恼，无量无边，难可具说。有情之类常在如是坚鞕苦中，爱乐沈没。诸有所欲，苦为根本。不知弃舍，更复追求。日夜煎迫，身心被恼。内起烧然，无有休息。如是生苦、老苦、病苦、死苦、爱别离苦、怨憎会苦、求不得苦、五取蕴苦。四威仪中，行立坐卧亦皆是苦。若常行时，不立坐卧，即受苦无乐。若常立时，不行坐卧；若坐，不行立卧；若卧，不行立坐；皆受极苦而无安乐。

难陀，此等皆是舍苦求苦，唯是苦生，唯是苦灭。诸行因缘相续而起，如来了知故，说有情生死之法。诸行无常，非真究竟，是变坏法，不可保守。当求知足，深生厌患，勤求解脱。难陀，于善趣中，有情之类，生处不净，苦剧如是。种种虚诳，说不可尽。何况具说，于三恶趣饿鬼傍生地狱，有情所受楚毒难忍之苦。”

复次难陀：“有其四种入于母胎。云何为四？一者有情正念入，正念住，正念出；二者正念入，正念住，不正念出；三者正念入，不正念住出；四者三皆不正念。谁是正念入住出？如有一类凡夫有情，性爱持戒，数习善品，乐为胜事，作诸福行。极善防护，恒思质直，不为放逸。有大智慧，临终无悔。即便受生，或是七生预流，或是家家，或是一来，或是一间，此人由先修善行故，临命过时，虽苦来逼，受诸痛恼，心不散乱，正念而终。复还正念，入母胎内。了知诸法由业而生，皆从因缘而得生起，常与诸魔作居止处。

难陀，应知此身恒是一切不净窟宅，体非常住，是愚痴物，诱诳迷人。此身以骨而作机关，筋脉相连，通诸孔穴。脂肉骨髓，共相缠缚，以皮覆上，不见其过。于热窟中不净充满，发毛爪齿分位差别。执我我所故，恒被拘牵，不得自在。常出涕唾，秽污流污，黄水痰癊，烂坏脂腻，肾胆肝肺大肠小肠，屎尿可恶。及诸虫类周遍充满，上下诸孔常流臭秽。生熟二藏盖以薄皮，是谓行厕。汝应观察，凡食啖时，牙齿咀嚼，湿以涎唾，咽入喉中，髓脑相和，流津腹内。如犬咬枯骨，妄生美想。食至脐间，呕逆覆上，还复却咽。

难陀，此身元从羯罗蓝、频部陀、闭尸、健南、钵罗奢佉，不净秽物，而得生长。婴儿流转乃至老死，轮回系缚，如黑暗坑，如臭坏井。常以咸淡苦辛酸等食味而为资养。又母腹火烧煮身根，不净粪锅，常婴热苦。母若行立坐卧之时，如被五缚，亦如火炙，难可堪忍，无能为喻。难陀，彼胎虽在如是粪秽坑中，众多苦切，由利根故，心不散乱。

复有一类薄福有情，在母腹内或横或倒，由其先业因缘力故，或由母食冷热咸酸甘辛苦味，不善调故，或饮浆水过量，或多行淫欲，或饶疾病，或怀愁恼，或时倒地，或被打拍。由是等缘，母身壮热；由身热故，胎亦烧然；由烧然故，受诸苦恼；由有苦故，便即动转；由动转故，或身横覆，不能得出。有善解女人，以苏油涂手，内母腹中，缓缓触胎，令安本处。手触着时，胎子即便受大苦恼。难陀，譬如幼小男女人，以利刀削破皮肉，散灰于上，由斯便有大苦恼生。胎子楚毒，亦复如是。虽受此痛，由利根故，正念不散。难陀，此胎如是住母腹中，受如斯苦。又欲产时，辛苦而出。由彼业风，令手交合，支节拳缩，受大剧苦。欲出母胎，身体青瘀。犹如初肿，难可触着。饥渴逼迫，心悬热恼。由业因缘，被风推出。既出胎已，被外风触，如割涂炭。手衣触时，皆受极苦。虽受此苦，由上利根故，正念不乱。于母腹中，知入住出悉皆是苦。难陀，谁当乐入如是胎中子！

难陀，谁是于母腹正念入住，不正念出？难陀，如有一类凡夫有情，性乐持戒，修习善品，常为胜事，作诸福行。其心质直，不为放逸。少有智慧，临终无悔。或是七生预流，或是家家，或是一来，或是一间。此人先修善行，临命终时，虽苦来逼，受诸痛恼，心不散乱，复还正念，入母胎中。了知诸法由业而生，皆从因缘而得生起。广说如上，乃至出胎，虽受如是诸极苦楚，由是中利根故，入住正念，不正念出。广说如上，乃至谁当乐入如是胎中?!

难陀，谁是正念入胎，不正住出？难陀，如有一类凡夫有情，性乐持戒，修习善品，常为胜事作诸福行，广说如上。乃至临终无悔，或是七生预流等。临命终时，众苦来逼，虽受痛恼，心不散乱。复还正念，入母胎中。由是下利根故，入胎时知，住出不知。广说如上，乃至谁当乐入如是胎中！？

难陀，谁是入住出，俱不正念？如有一类凡夫有情，乐毁净戒，不修善品。常为恶事，作诸恶行。心不质直，多行放逸。无有智慧，贪财悭吝。手常拳缩，不能舒展，济惠于人。恒有希望，心不调顺，见行颠倒。临终悔恨，诸不善业，皆悉现前。当死之时，猛利楚毒，痛恼逼切，其心散乱。由诸苦恼，不自忆识：我是何人？从何而来？今何处去？难陀，是谓三时皆无正念。广说如上。

难陀，此诸有情生在人中，虽有如是无量苦恼，然是胜处，于无量百千俱胝劫中，人身难得。若生天上，常畏坠堕，有爱别离苦。命欲终时，余天告言："愿汝当生世间善趣。"云何世间善趣？谓是人天。人趣难得，远离难处，更复是难。云何恶趣？谓三恶道。地狱趣者，常受苦切，极不如意。猛利楚毒，难可譬喻。饿鬼趣者，性多嗔恚，无柔软心。谄诳杀害，以血涂手。无有慈悲，形容丑陋，见者恐怖。设近于人，受饥渴苦，恒被障碍。傍生趣者，无量无边，作无义行、无福行、无法行、无善行、无淳质行。互相食啖，强者凌弱。有诸傍生，若生若长若死，皆在暗中不净粪尿垢秽之处。或时暂明，所谓蜂蝶、蚊蚁、蚤虱、蛆虫之类。自余复有无量无边，生长常暗。由彼先世是愚痴人，不听经法，恣身语意。贪着五欲，造众恶事，生此类中受愚迷苦。

难陀，复有无量无边傍生有情，生长及死皆在水中，所谓鱼鳖、鼋鼍、蝉蛭、蚌蛤、虾蟆之类。由先世业身语意恶，如上广说。难陀，复有无量无边傍生有情，闻屎尿香，速往其处，以为食饮。所谓猪羊、鸡犬、狐狢、雕鹫、乌蝇、蜣螂、禽兽之类，皆由先世恶业所招，受如是报。难陀，复有无量无边傍生之类，常以草木及诸不净，充其饮食，所谓象马、驼牛、驴骡之属，乃至命终，由先恶业，受如是报。”

复次难陀：“生死有海，苦哉痛哉。猛焰烧然，极大炎热，无一众生不被烧煮。斯等皆由眼耳鼻舌身意，炽盛猛火，贪求前境色声香味触法。难陀，云何名为炽盛猛火？谓是贪嗔痴火，生老病死火，忧悲苦恼毒害之火，常自烧然，无一得免。难陀，懈怠之人多受众苦，烦恼婴缠，作不善法，轮回不息，生死无终。勤策之人多受安乐，发勇猛心，断除烦恼，修习善法，不舍善轭，无休息时。是故汝今应观此身，皮肉筋骨血脉及髓，不久散坏。常当一心，勿为懈怠。未证得者，勤求证悟，如是应学。

难陀，我不共世间作诸诤论，然而世间于我强为诤论。所以者何？诸知法者，不与他诤。离我我所，共谁为论？由无见解起妄执故，我证正觉，作如是语：我于诸法无不了知。难陀，我所言说有差异不？”

难陀言：“不也，世尊。如来说者，无有差异。”

佛言：“善哉！善哉！难陀，如来所说必无差异。如来是真语者、实语者、如语者、不异语者、不诳语者，欲令世间长夜安乐，获大胜利。是知道者，是识道者，是说道者，是开道者，是大导师。如来、应供、正等觉、明行足、善逝、世间解、无上士、调御丈夫、天人师、佛、世尊。世间之人无知无信，常与诸根而为奴仆。唯见掌中，不观大利。易事不修，难者恒作。

难陀，且止如斯智慧境界，汝今应以肉眼所见而观察之，知所见者皆是虚妄，即名解脱。难陀，汝莫信我，莫随我欲，莫依我语，莫观我相，莫随沙门所有见解，莫于沙门而生恭敬，莫作是语：‘沙门乔答摩是我大师。’然而但可于我自证所得之法，独在静处思量观察，常多修习，随于用心所观之法，即于彼法观想成就，正念而住，自为洲渚，自为归处。法为洲渚，法为归处。无别洲渚，无别归处。难陀，云何比丘自为洲渚？自为归处？法为洲渚，法为归处？无别洲渚，无别归处？如是难陀，若有比丘于自内身随观而住，勤勇系念得正解了，于诸世间所有恚恼，常思调伏，是谓随观内身是苦。若观外身及内外身，亦复如是。

难陀，次于集法，观身而住，观灭而住。复于集灭二法，观身而住。即于此身，能为正念。或但有智，或但有见，或但有念，无依而住。于此世间，知无可取。如是难陀，是谓比丘于自内身随观而住。外身、内外身为观亦尔。

次观内受、外受，及内外受而住，观内心、外心，及内外心而住。观内法、外法，及内外法而住。勤勇系念，得正解了，于诸世间所有恚恼，常思调伏，观集法住，观灭法住。复于集灭二法，观法而住。即于此身能为正念，或但有智，或但有见，或但有念，于此世间，知无可取。如是难陀，是谓比丘自为洲渚，自为归处；法为洲渚，法为归处；无别洲渚，无别归处。

难陀，若有丈夫禀性质直，远离谄诳，于晨朝时来至我所，我以善法随机教示，彼至暮时，自陈所得。暮以法教，旦陈所得。难陀，我之善法，现得证悟，能除热恼，善应时机，易为方便，是自觉法，善为覆护。亲对我前，闻所说法，顺于寂静，能趣菩提，是我所知。是故汝今见有自利，见有他利，及二俱利。如是等法应常修学。于出家法，谨慎行之，勿令空过，当获胜果。无为安乐，受他供给衣食、卧具、病药等物，令其施主获大福利，得胜果报，尊贵广大。如是难陀，应当修学。”

复次难陀：“未有一色是可爱乐。能于后时不变坏者，无有是处。不起忧悲，不生烦恼者，亦无是处。难陀，于汝意云何？此色是常，为是无常？”

“大德，体是无常。”

“难陀，体既无常，为是苦不？”

“大德，是苦。若无常，苦即变坏法。”

“我诸多闻圣弟子众，计色是我，我有诸色。色属于我，我在色中不？”

白言：“不也，世尊。”

“于汝意云何？受想行识是常？无常？”

“大德，皆是无常。”

“难陀，体既无常，为是苦不？”

“大德，是苦。若无常，苦即变坏法。”

“我诸多闻圣弟子众，计受等是我，我有受等。受等属我，我在受等中不？”

“不也，世尊。”

“是故应知凡是诸色，若过去，若未来，若现在；若内，若外；若粗，若细；若胜，若劣；若远，若近；所有诸色皆非是我。我不有色，色不属我，我不在色中。如是，应以正念、正慧、而审观察受想行识。若过去，若未来，若现在；若内，若外；若粗，若细；若胜，若劣；若远，若近；此等亦非是我，我亦非有此等，我亦非在此中。如是应以正念正慧而审观察。若我多闻圣弟子众，如是观察，于色厌患，复于受想行识亦生厌患。若厌患已，即不染著；既无染著，即得解脱；既解脱已，自知解脱。作如是言：我生已尽，梵行已立，所作已办，不受后有。”

尔时世尊说此法已，时具寿难陀远尘离垢，得法眼净。五百比丘于诸有漏，心得解脱。尔时世尊重说伽他，告难陀曰：

若人无定心　即无清净智　不能断诸漏　是故汝勤修
汝常修妙观　知诸蕴生灭　清净若圆满　诸天悉欣庆
亲友共交欢　往来相爱念　贪名著利养　难陀汝应舍
勿亲近在家　及于出家者　念超生死海　穷尽苦边际
初从羯罗蓝　次生于肉疱　肉疱生闭尸　闭尸生健南
健南暂转变　生头及四支　众骨聚成身　皆从业因有

顶骨合九片　颔车两骨连　齿有三十二　其根亦如是

耳根及颈骨　腭骨并鼻梁　胸臆与咽喉　总有十二骨

眼眶有四骨　肩偶亦两双　两臂及指头　总有五十骨

项后有八骨　脊梁三十二　此各有根本　其数亦四分

右胁边肋骨　相连有十三　左胁相连生　亦有十三骨

此等诸骨锁　三三相续连　二二相钩牵　其余不相续

左右两腿足　合有五十骨　总三百十六　支柱于身肉

骨节相钩缀　合成众生体　实语者记说　正觉之所知

从足至于顶　杂秽不坚牢　由此共成身　脆危如苇舍

无梢唯骨立　血肉遍涂治　同机关木人　亦如幻化像

应观于此身　筋脉更缠绕　湿皮相裹覆　九处有疮门

周遍常流溢　屎尿诸不净　譬如仓与箒　盛诸谷麦等

此身亦如是　杂秽满其中　运动骨机关　危脆非坚实

愚夫常爱乐　智者无染著　洟唾污常流　脓血恒充满

黄脂杂乳汁　脑满髑髅中　胸鬲痰癃流　内有生熟藏

肪膏与皮膜　五藏诸腹胃　如是臭烂等　诸不净同居

罪身深可畏　此即是怨家　无识耽欲人　愚痴常保护

如是臭秽身　犹如朽城郭　日夜烦恼逼　迁流无暂停

身城骨墙壁　血肉作涂泥　画彩贪嗔痴　随处而庄饰

可恶骨身城　血肉相连合　常被恶知识　内外苦相煎

难陀汝当知　如我之所说　昼夜常系念　勿思于欲境

若欲远离者　常作如是观　勤求解脱处　速超生死海

尔时，世尊说是《入胎经》已，具寿难陀及五百比丘皆大欢喜，信受奉行。

难陀比丘越生死海险难之处，能至安隐究竟涅槃，获阿罗汉果，说自庆颂曰：

敬心奉澡浴　净水及涂香　并修诸福田　获斯殊胜报

时诸大众闻是说已，咸皆有疑。为断疑故，请大师曰："大德，难陀比丘先作何业？由彼报得金色之身，具三十相以自严饰，望世尊身但少四指，于淫欲境极生爱著。大师哀愍，于生死海强拔令出，方便安置究竟涅槃。惟愿为说。"

佛告诸大众："难陀比丘，先所作业，果报成熟，皆悉现前，广说如余。"即说颂曰：

假使经百劫　所作业不亡　因缘会遇时　果报还自受

汝等谛听。过去世时，九十一劫，人寿八万岁，有毗钵尸佛、如来、应供、正等觉、明行足、善逝、世间解、无上士、调御丈夫、天人师、佛、世尊出现于世，与六万二千比丘，游行人间，至亲慧城王所都处，往亲慧林，即于此住。时彼世尊有异母弟，于淫欲境极生爱著。其毗钵尸如来应正等觉，于生死海劝令出家，方便安置究竟涅槃。时彼国王名曰有亲，以法化世。人民炽盛，丰乐安隐。无诸诈伪、贼盗、疾疫，牛羊稻蔗，在处充满。王异母弟极耽淫染。王闻佛众住亲慧林，将诸王子亲侍大臣，及内宫女人民翊从，往诣佛所，顶礼佛足，退坐一面。

尔时世尊为彼王众宣扬妙法，示教利喜，得殊胜解。其弟耽欲不肯出门，时大臣子及余知友抚尘之类，诣而告曰："善友知不？王及王子并诸内宫大臣人众，往毗钵尸佛所，躬行礼敬，听受妙法，获殊胜解。人身难得，汝已得之。如何今时耽著淫欲，不肯出门?”彼闻责已，心生愧耻，俛仰相随，同行而去。时佛弟比丘，见诸徒侣共行而去，问曰：“何故君等将此一人共伴而去?”时彼同伴具以事白。比丘曰：“我是佛弟，昔在家时，于诸欲境极生耽著，幸蒙大师强牵令出，安隐将趣究竟涅槃。更有如是愚痴之辈，与我相似。仁等慈悲强共将去，诚为大善。今可往诣无上大师，得至佛所，必生深信。”时彼同伴共至佛所。

佛观彼类，称根欲性而为说法。既得闻已，深起信心，从座而起，偏袒右肩，合掌向佛白言：“世尊，唯愿大师及诸圣众，明至我家入温室澡浴。”佛默然受。彼知受已，礼佛双足，奉辞而去。遂至王所，申恭敬已，白言：“大王，我诣佛所，闻法生信。于淫欲境，起厌离心。奉请佛僧明至我家入温室浴，如来大师慈悲为受。佛是人天所应供养，王今宜可洒扫街衢，严饰城郭。”王作是念：佛来入城，我当严饰。然我之弟耽欲难谏，佛今调伏，实诚希有。答言：“甚善。汝今可去营办澡浴所须之物，我当随力严饰城隍。”弟生大喜，辞王而去。

王告诸臣曰：“当可唱令普告诸人，明日世尊将入城内，诸旧住者及远方来，汝等诸人，咸当随力严饰城郭，洒扫街衢，持诸香花迎大师入。”臣奉王教，普告令知，具宣王敕。时诸人众于彼城中，除去瓦砾，遍洒香水，烧诸妙香。悬众幡盖，散花供养，如天帝释欢喜之园。时彼王弟办诸香汤及香油等，庄严浴室，敷置床座。毗钵尸佛渐欲至城，王及诸臣、太子、后妃、宫人、婇女，及诸人众，咸出奉迎，遥礼佛足，随从入城。

时彼王弟引佛世尊入温室内，授香水等以充澡浴。见佛世尊身如金色，三十二相，八十种好，周遍庄严。见已欢喜，生深信心。洗浴既竟，著衣服已，即便顶礼世尊双足，发是愿言："我今幸遇最上福田，微申供养。愿此善因，于未来世，身得金色，与佛无异。如世尊弟，于欲境中深生耽著，强拔令出，得趣安隐，究竟涅槃。愿我当来，得为佛弟。获金色身，亦复如是。我于欲境生耽著时，强牵令出爱染深河，得趣涅槃安隐之处。"汝等比丘勿生异念，彼亲慧王耽欲之弟，即难陀比丘，是由于昔时请毗钵尸佛入浴室中，香汤澡浴，净心发愿。彼之善因，今为佛弟，身作金色。我于耽著淫欲之境，强拔令出，舍俗出家。究竟涅槃，至安隐处。

时诸大众更复有疑，请世尊曰："大德，难陀比丘曾作何业，今身感得三十大丈夫相？"

佛告诸大众："彼所作业，广说如前。乃往过去于聚落中有一长者，大富多财，资生无乏。有一苑园，花果茂盛，流泉浴池，林木森竦，堪出家人栖隐之处。时有独觉出现于世，哀愍众生处于闲静，世间无佛，唯此福田。于时有一独觉尊者游行人间，至斯聚落，周旋观察，届彼园中。其守园人既见尊者，告言：'善来，为解劳倦。'尊者住此，即于中夜入火光定。园人见已，作如是念：'此之大德成斯胜行。’即便夜起往就家尊，告言大家：‘宜于今者生庆喜心。于苑园中有一大德来投我宿，成就妙行，具足神通，放大光明，遍照园内。’长者闻已，疾往园中。礼双足已，作如是言：‘圣者，仁为求食，我为福因，幸住此园，我常施食。’彼见殷勤，即便为受，住此园内，入胜妙定解脱之乐。复作是念：‘我此臭身轮回生死，所应作者并已获得，宜入圆寂，永证无生。’作是念已，即升虚空，入火光定，现诸神变，放大光明。上烛红辉，下流清水。舍此身已，神识不生，永证无余妙涅槃界。时彼长者取其尸骸，焚以香木。复持乳汁而灭其火，收余身骨置新瓶中，造窣堵波，悬诸幡盖，深生敬信。洒三十种众妙香水，并发大愿求诸相好。汝等谛听，勿生异念，往时长者即难陀是。由以胜妙供养，敬信业故，今受果报，感得三十殊妙胜相。”

时诸大众更有疑念，重请世尊：“大德，难陀比丘曾作何业？若不出家弃尘俗者，必当绍继力轮王位。”

佛告诸比丘：“难陀先世所造之业，果报熟时必当自受，广如上说。过去世时，此贤劫中，人寿二万岁，有迦叶波佛出现世间，十号具足。在婆罗痆斯仙人堕处施鹿林中，依止而住。时彼城中王名讫栗枳，以法化世为大法王，广如上说。王有三子，谓大中小。彼迦叶波佛施化事毕，犹如火尽入大涅槃。其王信敬，取佛遗身，以诸香木栴檀、沈水、海岸、牛头、天木香等，焚烧既讫，灭以香乳。收其舍利，置金宝瓶。造大窣堵波，皆用四宝。纵广正等一逾缮那，高半腧缮那安相轮。时王之中子亲上中盖。汝等比丘勿生异念，时王中子者，即难陀是。由于昔时敬心供养，安置中盖，斯之善业，于二千五百生中，常为力轮王，化一洲内。今此生中若不出家者，还作力轮王，得大自在。”

时诸大众更复有疑，请问世尊：“大德，难陀比丘曾作何业，于佛弟子善护根门最为第一？”

佛言：“此由愿力。难陀比丘于迦叶波佛时，舍俗出家，其亲教师，彼佛法中善护根门称为第一。尽其形寿，梵行自持。然于现身竟无证悟，于命终时便发誓愿：‘我于佛所，尽斯形寿，梵行自持，然于现身，竟无所证。愿我以此，修行善根。此佛世尊记未来世有摩纳婆当成正觉，号释迦牟尼。我于彼佛教法之中，出家离俗，断诸烦恼，获阿罗汉。如亲教师，于斯佛所，善护根门，最为第一。我亦如是，于彼教中守护根门最为第一。’由彼愿力，今于我所诸弟子中，善护根门最为第一。如是比丘，若纯黑业，得纯黑报；若纯白业，得纯白报；若杂业者，当受杂报。是故汝等离纯黑杂业，修纯白业，如是应修。”

大宝积经卷五十五

佛为阿难说处胎会

大唐三藏　菩提流志译

如是我闻。一时，佛在舍卫国祇树给孤独园。尊者阿难于日晡时，从禅定起，与五百比丘俱诣佛所。合掌恭敬，顶礼佛足，却住一面。

尔时，世尊即告阿难及诸比丘："我有法要，初中后善。其义微妙，纯一无杂，具足清白梵行之相，所谓入母胎藏修多罗法。应当谛听，善思念之。我今为汝分别解说。"

阿难白佛言："唯然世尊，愿乐欲闻。"

尔时世尊告阿难言："若有众生欲入胎时，因缘具足，便得受身。若不具足，则不受身。

云何名为缘不具足？所谓父母起爱染心，中阴现前，求受生处。然此父母赤白和合，或前或后而不俱时，复于身中各有诸患。若如是者，则不入胎。其母胎藏或患风黄、血气闭塞；或胎闭塞；或肉增结；或有醎病；或麦腹病；或蚁腰病；或如驼口；或车辕曲木；或如车轴；或车毂口；或如树叶；或曲绕旋转，状如藤笋；或胎藏内犹如麦芒；或精血多泄，不暂停住；或滞下流水；或胎藏路涩；或上尖下尖；或曲或浅；或复穿漏；或高或下；或复短小，及诸杂病。若如是者，不得入胎。

若父母尊贵有大福德，中阴卑贱；或中阴尊贵有大福德，父母卑贱；或俱福德，无相感业。若如是者，亦不受胎。

如是，中阴欲受胎时，先起二种颠倒之心。云何为二？所谓父母和合之时，若是男者，于母生爱，于父生嗔。父流胤时，谓是己有。若是女者，于父生爱，于母生嗔。母流胤时，亦谓己有。若不起此嗔爱心者，则不受胎。”

复次阿难：“云何得入母胎？所谓父母起爱染心，月期调顺，中阴现前，无有如上众多过患，业缘具足，便得入胎。如是中阴欲入胎时，复有二种。云何为二？一者无有福德；二者有大福德。

其无福者，觉观心起，所见境界，便作是念：我今值遇风寒阴雨，大众愦闹，众威来逼，便生恐怖。我今应当入于草室及以叶室，或隐墙根，或入山泽、丛林、窟穴。复更生于种种诸想，随其所见，便入母胎。大福德者，亦生是念：我今值遇风寒阴雨，大众愦闹，众威来逼，亦生恐怖。即上高楼，或登大阁，或入殿堂及以床座，亦生诸余种种之想。随其所见，便入母胎。”

佛告阿难：“如是中阴初受胎时，名歌罗逻，皆依父母不净，及过去业而得受身。如是之业，及以父母诸缘之中，各不自生，和合力故而便受身。譬如以器盛酪及人绳等，即便出苏。诸缘之中皆不可得，和合力故，苏乃得生。歌罗逻身亦复如是，因缘力故，便得受胎。”

复次阿难：“譬如依止青草牛粪，及以枣酪，而各生虫。一一之中，虫不可得。因缘力故，虫乃得生。此虫生时，青黄赤白，各随所依而作其色。是故当知，父母不净而生此身。诸缘中求，皆不可得，亦不离缘，和合力故，而便受胎。

此身生时，与其父母四大种性亦无差别。所谓地为坚性，水为湿性，火为热性，风为动性。歌罗逻身，若唯地界无水界者，譬如有人握干麨灰，终不和合。若唯水界无地界者，譬如油水其性润湿，无有坚实，即便流散。若唯地水无火界者，譬如夏月阴处肉团，无日光照，则便烂坏。唯地水火无风界者，则不增长。譬如有人及其弟子，能善炊糖，诸有所作，而令其内悉使空虚，若无风力终不成就。如是，四大互相依持而得建立。是故当知歌罗逻身，因于父母四大业风，而得生者，亦复如是。众缘之中皆不可得，和合力故，而便受身。”

复次阿难：“譬如新净种子善能藏积，不为虫食，无有烂坏、干焦、穿穴。或复有人选择良田润沃之处，下此种子，令一日中，牙茎枝叶扶疏荫映，花果滋茂皆具足不?”

“不也，世尊。”

佛告阿难：“歌罗逻身亦复如是，皆从因缘次第生长，不得一时诸根具足。是故当知，虽从父母而有此身，诸缘中求，皆不可得，和合力故而便受生。”

复次阿难："譬如明眼之人持日光珠，置于日中，以干牛粪而悬其上，去珠不远，火便出生。不即牛粪，及以日光，各能生火，亦不相离。因缘力故，火便出生。从于父母所生之身亦复如是。歌罗逻身名之为名，受想行识说之为名。名色五阴刹那受身，已经诸苦，我不赞叹，况复长时轮回诸有?！譬如少粪犹尚臭秽，何况于多?！如是五阴歌罗逻身，谁当爱乐?！"

复次阿难："如是之身处在母胎，凡经三十八七日已，方乃出生。第一七日处母胎时，名歌罗逻。身相初现，犹如生酪。七日之中内热煎煮，四大渐成。

第二七日处母胎时，所感业风名为遍满。其风微细，吹母左胁，及以右胁，令歌罗逻身相渐现，状如稠酪，或似凝酥。内热煎煮，便即转为安浮陀身。如是四大，渐渐成就。

第三七日处母胎时，复感业风名为藏口。由此风力，令渐凝结。其安浮陀转为闭手，状如药杵而复短小。于其胎中，内热煎煮。如是，四大渐渐增长。

第四七日处母胎时，复感业风名为摄取。由此风力，能令闭手转为伽那，状如温石。内热煎煮，四大渐增。

第五七日处母胎时，复感业风名为摄持。由此风力，能令伽那转为般罗奢佉。诸皰开剖两髀、两肩，及其身首，而便出现。如春阳月，天降时雨，树木枝条，而便出生。因业风力，诸皰现时，亦复如是。

第六七日处母胎时，复感业风名之为饭。由此风力，四相出现。云何为四？所谓两膝两肘，名为四相。

第七七日处母胎时，复感业风名为旋转。由此风力，四相出现，所谓手足掌缦之相。其相柔软，犹如聚沫。

第八七日处母胎时，复感业风名为翻转。由此风力，二十相现。所谓手足二十指相而便出生。如天降雨，树木枝条渐得增长。业风力故，诸相现前，亦复如是。

第九七日处母胎时，复感业风名为分散。由此风力，现九种相。云何为九？所谓眼耳鼻口大小便处名为九相。

第十七日处母胎时，复感业风名为坚鞕。由此风力，即便坚实。复有一风名为普门，吹其胎身，悉令胀满，犹如浮囊。

十一七日处母胎时，复感业风名曰金刚。由此风力，在于胎中，或上或下，令其身孔皆得通彻。又以风力，使怀胎者或复悲喜，行住坐卧，其性改常，运动手足，令胎身孔渐渐增长。于其口中而出黑血，复于鼻中出秽恶水。此风回转于诸根已，而便息灭。

十二七日处母胎时，复感业风名为曲口。由此风力，左右胁间生大小肠。犹如藕丝及紧纺线置在于地，十八周转，依身而住。复有一风，名为穿发。由此风故，三百二十支节，及百一穴生在身中。

十三七日处母胎时，复感业风名作饥渴。由此风力，胎身虚羸，生饥渴想。其母饮食，所有滋味，于身穴中及以脐轮，资持润益。尔时世尊以偈颂曰：

其子处母胎　已经十三七　身即觉虚羸　便生饥渴想

母所有饮食　滋益于胎中　由此身命存　渐渐而增长

十四七日处母胎时，复感业风名为线口。由此风力生九百筋，于身前后及以左右而交络之。

十五七日处母胎时，复感业风名为莲花。由此风力，生二十脉。饮食滋味流入此脉，润益其身。何者二十？于身前后及以左右，各有五脉。此一一脉皆有四十枝派小脉，如是等脉各各复有一百枝派。身前二万名曰商佉；身后二万名之为力；身左二万名为安定；身右二万名为具势。如是八万大小支脉生于此身。其脉复有种种之色，所谓青黄赤白酥酪油色。是八万脉，一脉一根，于其根上生于一孔，或复二孔乃至七孔，一一皆与毛孔相连，犹如藕根生诸孔穴。

十六七日处母胎时，复感业风名为甘露。由此风力，令此眼、耳、鼻、口、胸臆、心藏、四边、九孔之处，悉令开发。出入气息上下通彻，无有障碍。若有饮食，滋润其身，有停积处，复能销化，从下流出。譬如窑师及其弟子，能善调泥，安布轮绳，下上回转，所造器物而得成就。此亦如是，皆由风力及善恶业，令眼耳等，渐渐具足。

十七七日处母胎时，复感业风名牦牛面。由此风力，令其两眼而得光洁，耳鼻诸根渐渐成就。譬如有镜，尘翳所覆，或取砖末，及以油灰，磨拭令净。是故当知，以业风力吹其眼等，使得明净，亦复如是。

十八七日处母胎时，复感风业，名大坚强。由此风力令其诸根，渐渐成就而复明净。犹如日月，云雾覆蔽，猛风卒起，吹令四散，而此日月忽然大明。以是业风吹其诸根，转更明净，亦复如是。

十九七日处母胎时，由前风力，眼耳鼻舌四根成就。初入胎时已具三根：一者身根，二者命根，三者意根。如是诸根悉已具足。

二十七日处母胎时，复感业风名曰坚固。由此风力，能于身中生种种骨。于左脚中生二十骨，复于右脚亦生二十，足跟四骨，腨有二骨，膝有二骨，髀有二骨，腰胯三骨，脊十八骨，肋二十四，胸十三骨，左右二手各二十骨，臂有四骨，肩有二骨，颔有二骨，髑髅四骨，及齿根等有三十二。譬如塑师及其弟子，先以坚木，后以绳缠，造诸形状。虽未有泥，如是之时，名为骨相。以业风力生诸骨时，亦复如是。是故当知，于七日中，除其小骨大骨，生者数有二百。

二十一七日处母胎时，复感业风名为生起。由此风力，能令其子生于身肉。譬如泥师及其弟子，能善调泥，泥诸墙壁。此由业风，能生身肉，亦复如是。

二十二七日处母胎时，复感业风名曰浮流。由此风力，能生身血。

二十三七日处母胎时，复感业风名为净持。由此风力，能生身皮。

二十四七日处母胎时，复感业风名曰持云。由此风力，令其皮肤皆得调匀，光色润泽。

二十五七日处母胎时，复感业风名曰持城。由此风力，令其子身，血肉增长，渐渐滋润。

二十六七日处母胎时，复感业风名曰生成。由此风力，便即能生发毛爪甲，一一皆与诸脉相连。

二十七七日处母胎时，复感业风名为曲药。由此风力，令其身相，渐得成就。

或于先世造诸恶业，于诸资具悭贪吝惜，不肯惠施，或复不受父母师长教诲。由是业故，而得种种不如意身。若以长大肥白柔软之身为端正者，而便受得短小瘦黑坚鞕之身。若以短小瘦黑坚鞕之身为端正者，而便受得长大肥白柔软之身。若于其身支分之中，高下多少疏密为端正者，而便受得无有高下疏密不具足身。或复受得聋盲瘖哑，手足挛躄，诸根不具；所有音声，人不喜闻；其身丑陋，犹如饿鬼。以恶业故，而受种种不如意身。父母亲属尚不喜见，况复余人！

若于前世造十善业，好行惠施，无有悭贪谄诳之心，父母师长所有言教即皆信受。以是因缘，若得为人，则不受于如上诸恶业身，而便获得种种殊妙之身。颜容端正，诸相具足。所有言音，而为众人之所爱乐。是故当知，由善业故，便得如是胜妙果报。

阿难，如是之身若是男者，蹲居母腹右胁而坐，两手掩面，向脊而住。若是女者，蹲居左胁，两手掩面，背脊而住。生藏之下，熟藏之上，内热煎煮，五处系缚，如在革囊。其母多食，或复少食，甘食、涩食、干食、腻食，辛咸苦醋，冷热之食，或复淫欲，急行跳踯，久卧久坐，皆受苦恼。是故当知，处母胎时，有如是等众苦逼迫。我今略说，人中尚尔，何况地狱，难可为喻。谁有智者，于生死海，当乐此身?!”

二十八七日处母胎时，生于八种颠倒之想。何等为八？一乘骑想，二楼阁想，三床榻想，四泉流想，五池沼想，六者河想，七者园想，八者苑想。是故名为八种之想。

二十九七日处母胎时，复感业风名曰花条。由此风力，令此胎身光色润泽，诸相分明。皆由过去所造诸业，差别不同。随其形类，有种种色，或作白色，或复黑色，或不白不黑色，或作青色，或干枯色，或润泽色。如是色相，而得成就。

三十七日处母胎时，复感业风名为铁口。由此风力，发毛爪甲皆得增长，亦复能现白黑诸光。从业缘起，而生此相。

三十一七日，乃至三十五七日处母胎时，身相长大，渐渐增广，人相具足。

三十六七日处母胎时，生厌离心，不以为乐。

三十七七日处母胎时，便起五种不颠倒想。何者为五？一不净想，二臭秽想，三囹圄想，四黑暗想，五厌恶想。其子处胎，生如是等厌离之心。

三十八七日处母胎时，复感业风名曰拘缘。由此风力，即便回转。复有一风名为趣下，能令其身，头向于下，长伸两臂，渐欲出生。

然其此子或于前世，曾经积集堕落之业，令其此身，手脚纵横，不能转侧。恶业缘故，于母腹中而便舍命。母于此时受大苦恼，或复命终。若于前世修诸善业，作长寿因，临欲生时，母子安隐，无有如上恶业诸苦。过于三十八七日已，欲出胎时，受种种苦，方乃得生。是故当知，受此身者，实为大苦。

初出胎时，若男若女，适生堕地，或以手捧，或衣承接，或在床席，或在屋中，或复地上，或迥露处，或在日中，或冬夏时冷热风触此身，初生受大苦恼。如生剥牛，触于墙壁；或复露地，随在之处，为虫所食；亦如有人而为蚊虻诸虫唼食，复加杖捶而鞭挞之。初出胎时，以煖水洗触其身时，所受之苦亦复如是。儿既生已，渐渐增长。母身所出杂血之乳而养育之。我于诸余经中，先已广说。是故当知，此身皆是不净众苦之所成就。谁有智者于生死中，而当爱乐如是之身?!”

复次阿难：“初出胎时，经于七日，八万尸虫从身而生，纵横食啖。有二户虫名为舐发，依发食发。有二户虫依眼食眼。有四户虫：一名鞍乘，二名有腭，三名发病，四名圆满，依头食头。有一户虫，名黑稻叶，依耳食耳。有一户虫，名为藏口，依鼻食鼻。有二户虫：一名遥掷，二名遍掷，依唇唼唇。有一户虫，名曰针口，依舌食舌。有一户虫，名为利口，依于舌根而食舌根。有一户虫，名为手圆，依腭食腭。有二户虫：一名手网，二名半屈，依止手掌食于手掌。有二户虫：一名远臂，二名近臂，依臂食臂。有二户虫：一者名铁，二名近铁，依止咽喉，食于咽喉。有二户虫：一名金刚，二名大金刚，依心食心。有二户虫：一者名羸，二名羸口，依肉食肉。有二户虫：一名具色，二名具称，依血啖血。有二户虫：一名勇健，二名香口，依筋食筋。有二户虫：一名不高，二名下口，依止脊骨，食于脊骨。有一户虫，名曰脂色，依脂食脂。有一户虫，名曰黄色，依胆食胆。有一户虫，名曰真珠，依肺食肺。有一户虫，名之为获，依脾食脾。有五百户虫：一百户虫名之为月，一百户虫名为月口，一百户虫名为辉耀，一百户虫名为辉面，一百户虫名为广大，依止左边而食左边。复有五百户虫亦如是名，依止右边而食右边。有四户虫：一名少穿，二名大穿，三名骨穿，四名骨面，依骨食骨。有四户虫：一名大白，二名小白，三名吸力，四名虎道，依脉食脉。有四户虫：一名意乐，二名师子力，三名兔腹，四名耽欲，依止生藏而食生藏。有二户虫：一名勇猛，二名勇猛主，依止熟藏，食于熟藏。有四户虫：一名盐口，二名网口，三名蕴口，四名鸟口，依小便处，食小便处。有四户虫：一名应作，二名大作，三名碎末，四名臆皱，依大便处，食大便处。有二户虫：一名黑面，二名可畏面，依髀食髀。有二户虫：一名疾癞，二名小癞，依膝食膝。有一户虫，名为愚根，依腨食腨。有一户虫，名为黑头，依脚食脚。

阿难，我今为汝略说八万户虫，依止此身，昼夜食啖。亦复能令气力虚羸，颜容憔悴。种种病苦皆集此身，复令其心忧悲热恼。虽有良医，亦生迷惑，不知何药能治此病。谁有智者，于生死海，而当爱乐如是之身?!

复次阿难："从初生时，乃至长大，衣食资养，成立此身。然其寿命或经百年，或复短促。于百年中有三百时，谓春夏冬。春为热际，夏为雨际，冬为寒际。此三时中，各有四月。一年之中，有十二月。于百年中千二百月，黑月白月二千四百。凡经昼夜三万六千一日，再食七万二千。或有不食，亦在其数。所谓或病或醉，或时断食，或复嗔恨、睡眠、调戏，诸余事务及饮母乳。以此因缘，名为不食。如是之身，虽寿百年，必归磨灭。谁有智者，于生死海，而当爱乐?!"

复次阿难："受于此身，有二种苦。云何为二？一者众病集身，名为内苦。二者人与非人之所逼恼，名为外苦。

何者名为众病集身？所谓眼、耳、鼻、舌、咽喉、牙齿、胸腹、手足，有诸病生；或复风痫涕唾、癫狂干消、上气肺逆、小便淋沥、疥癞痈疽、痃癖痔瘘、恶疮脓血、煎寒壮热，种种诸病，皆集此身。复有百一心黄之病，百一风病，百一痰病，风黄痰等和合共起，复有百一。如是四百四病逼切其身，名为内苦。

复有外苦加害此身，所谓或在牢狱，挞打、楚挞、杻械、枷锁，系缚诸苦，或劓耳鼻，及刖手足，斫截其头。不为诸天之所守护，即令非人，诸恶鬼神、夜叉罗刹，而得其便。复为蚊虻蜂等毒虫之所唼食，寒热饥渴，风雨并至，种种苦恼逼切其身。人中尚尔，况恶道苦，难可具说。

是故当知，皆由过去诸不善业，受如是报。若为刀杖之所加害，而造城壁及诸墙堑，防卫其身。为恶风雨、蚊虻、蜂螫而求屋舍。为四百四病内苦外苦，而求饮食、卧具、医药、田园、室宅、金银、七宝、奴婢、车乘、资生之具，供给所须。不称其心，便生苦恼。设获珍财，悭贪吝惜，常加守护，或时散失，复生大苦。

阿难，此五阴身，一一威仪，行住坐卧，无不皆苦。若长时行，不暂休息，是名为苦。住及坐卧，各各长时，亦复皆苦。若长时行，而得暂住，便生乐想，其实非乐。若长时行，而得暂坐；若长时坐，而得暂卧；妄生乐想，实无有乐。是故当知，此五阴身，皆名为苦。若复有人，或为自利，或为利他，若自他俱利，应当厌患如是诸苦，出家修学，则于涅槃解脱之法，为不唐捐。若复有人，或以衣服、卧具、医药、资生之具，供养彼者，获大果报，威德名闻。"

佛告阿难："于意云何？色是常耶？是无常耶？"

阿难白佛言："世尊，色是无常。"

佛言："若无常者，为是苦耶？为非苦耶？"

阿难答言："色即是苦。"

佛言："若无常苦，是败坏法。若有多闻诸圣弟子闻是说已，执于此身如是之色，即是于我及我所不？"

“不也，世尊。色中无我，亦无我所。”

复次阿难：“于意云何？受想行识为是常耶？是无常耶？”

阿难白佛言：“世尊，皆是无常。”

佛言：“若无常者，为是苦耶？为非苦耶？”

阿难答言：“如是四阴，即名为苦。”

佛言：“若无常苦，是败坏法。若有多闻诸圣弟子闻是说已，执于此身如是四阴，即是于我及我所不？”

“不也，世尊。此四阴者，实无有我及以我所。”

复次阿难：“如是我者，不在过去、现在、未来。若内若外，若粗若细，若胜若劣，若近若远，彼一切法，悉亦非我及以我所。阿难，当知以如实智，而观察之，诸法无我。若有名闻诸圣弟子，作是观已，便生厌离，而得解脱，究竟涅槃。如是修学，证此法时，生分已尽，梵行已立。所作已办，不受后有。”

佛说是经已，尊者阿难远尘离垢，得此法眼净，五百比丘不受诸法，漏尽意解。时诸大众闻佛所说，皆大欢喜，信受奉行。

佛说胞胎经

西晋月氏国三藏　竺法护译

闻如是。一时，佛游舍卫国祇树给孤独园。于时，贤者难陀燕坐思惟，即起诣佛。及五百比丘俱，共诣佛所。稽首足下，住坐一面。

佛告难陀及诸比丘：“当为汝说经，初语亦善，中语亦善，竟语亦善。分别其义，微妙具足，净修梵行。当为汝说人遇母生受胞胎时。谛听！善思念之。”

“唯然，世尊。”贤者难陀受教而听。

佛告难陀：“何故母不受胎？于是父母起尘染心，因缘合会，母有佳善心志于存乐。神来者至前，母有所失精；或父有所失，母无所失；或父清净，母不清洁；或母洁净，父不洁净；或母尔时，藏所究竟；即不受胎。

如是究竟，或有成寒；或时声近，有灭其精；或有满；或如药；或如果中央；或如荜茇中子；或如生果子；或如鸟目；或如懿沙目；或如舍竭目；或如祝伽目；或如眼瞳子；或如树叶；或合聚如垢；于是或深，或上深；或无器胎；或近音声；或坚核如珠；或为虫所食；或近左，或近右；或大清；或卒暴；或不调均，当左反右；或如水瓶；或如果子；或如狼唐；或有众瑕；或诸寒俱；或有热多；或父母贵，来神卑贱；或来神贵，父母卑贱；是故不相过生。等行等志，俱贵俱贱，心同不异，则入母胎。

何故母不受胎？无前诸杂错事，不和调事，等意同行，俱贵俱贱，宿命因缘，当应生子。来神应遇父母，而当为子。于时精神或怀二心，所念各异。如是之事，则不和合，不得入胎。”

佛告阿难：“云何得入处母胞胎？其薄福者则自生念：‘有水冷风于今天雨，有大众来欲捶害我，我当走入大積草下，或入叶借诸草众聚，或入溪涧深谷，或登高峻，无能得，我得脱冷风及大雨。’大众于是入屋。福厚得势，心自念言：‘今有冷风，而天大雨，及诸大众，我当入屋，上大讲堂。当在平阁，升于床榻。’”

佛语阿难：“神入母胎，所念若干，各异不同。”

佛语阿难：“神入彼胎，则便成藏。其成胎者，父母不净，精亦不离。父母不净，又假依倚。因缘和合，而受胞胎。以故，非是父母，不离父母。譬如阿难，酪瓶如器盛酪，以乳著中。因缘盛酪，或为生苏。假使独尔，不成为苏。不从酪出，苏亦不离酪。因缘和合，乃得为苏。如是阿难，不从父母不净成身，亦不离父母成身。因父母为缘，而成胞胎。”

佛告阿难：“譬如生草菜，因之生虫，虫不从草菜出，亦不离草菜，依生草菜，以为因缘，和合生虫。缘是之中，虫蠡自然。如是阿难，不从父母不净，不离父母不净成身。因父母为缘，而成胞胎。譬如阿难，因小麦出虫，虫不出小麦，亦不离小麦。因小麦为缘，而得生虫。因是和合，自然生虫。如是阿难，不从父母不净，不离父母不净成身。因父母为缘而成胞胎，得立诸根及与四大。

譬如阿难，因波达果而生虫，虫不从波达果出，亦不离波达果。因波达果为缘，自然得生。如是阿难，不从父母不净，不离父母不净成身。因父母为缘而成胞胎，得立诸根及与四大。

譬如阿难，因酪生虫，虫不从酪出，亦不离酪。以酪为缘，自然生虫。如是阿难，不从父母不净，不离父母不净成身。因父母为缘而成胞胎，得立诸根及与四大。

因父母缘则立地种，谓诸坚者；软湿水种；热煖火种；气息风种。假使阿难，因父母故成胞胎者而为地种，水种令烂。譬如麨中及若肌肤得对便烂。假使因父母成胞胎，便为水种，不为地种，用薄如湿故也。譬如油及水。又阿难，水种依地种不烂坏也。地种依水种而无所著。假使阿难，父母因缘成胞胎者，地种则为水种，火种不得依也，则坏枯腐。譬如夏五月盛暑时，肉中因火种，尘垢秽臭烂坏则就臭腐。如是阿难，假使因父母胎成地种者，及水种者，其于火种不腐坏败而没尽也。假使阿难，因父母胎成地种及水种者，当成火种，无有风种。风种不立，不得长大，则不成就。又阿难，神处于内，缘其罪福，得成四大，地水火风究竟摄持。水种分别，火种因号，风种则得长大，因而成就。”

佛告阿难：“譬如莲藕生于池中，清净具足，花合未开。风吹开花，令其长大而得成就。如是阿难，神处于内，因其罪福得成四大成就，地种摄持，水种分别，火种因号，风种而得长大，稍稍成就。非是父母胞胎之缘，人神过生也，非父母福，亦非父体，亦非母体，因缘得合也。非空因缘，亦非众缘，亦非他缘。又有俱施同其志愿，而得合会成胚里胞胎。

譬如阿难，五谷草木之种，完具不腐不虫，耕覆摩地肥地，下种生茂好。于阿难意云何？其种独立，因地水号，成其根茎、枝叶、花实。”

阿难白佛：“不也，天中天。”

佛言：“如是。阿难，不从父母构精，如成胞里。不独父母遗体，亦不自空因缘也。有因缘合成，四大等合因缘等现，得佛胞里而为胚胎。

譬如阿难，有目明眼之人，若摩尼珠、阳燧，向日盛明，正中之时，以燥牛粪，若艾若布，寻时出火，则成光焰。计彼火者，不从日出，不从摩尼珠、阳燧、艾生，亦不离彼。又阿难，因缘合会，因缘俱至，等不增减，而火得生。胚胎如是，不从父母，不离父母。又缘父母不净之精，得成胞里，因此成色。痛痒思想生死之识，因得号字。缘是得名，由本成色。以此之故，号之名色。又阿难，所从缘起，吾不称叹，往返终始。”

佛告阿难：“譬如少所疮病臭处，非人所乐，岂况多乎？少所穿漏瑕秽，何况多乎！如是阿难，少所周旋，在于终始，非吾所叹，何况久长！所以者何？所有终没，周旋诸患，甚为勤苦，谁当乐乎！欣悦臭处，入母胚胎耶?!”

佛告阿难：“彼始七时受母胎里，云何自然而得成胎?始卧未成就时，其胎自然亦复如是。七日处彼停住而不增减，转稍而热，转向坚固，则立地种；其软湿者，则为水种；其中煖者，则为火种；关通其中，则为风种。

第二七日，有风名展转，而徐起吹之。向在左胁或在右胁，而向其身，聚为胞里，犹如酪上肥。其精转坚，亦复如是。彼于七日转化如熟。其中坚者，则立地种；其软湿者，则为水种；其煴燸者，则为火种；间关其间，则为风种。”

佛告阿难：“第三七日，其胎之内于母腹中，有风名声门，而起吹之，令其胎里，转就凝坚。凝坚何类?如指著息，疮息肉坏，精变如是。住中七日，转化成熟。彼其坚者，则为地种；软湿者，则为水种；其煴燸者，则为火种；间关其内，则为风种。”

佛告阿难：“第四七日，其胎之内，母藏起风，名曰饮食。起吹胎里，令其转坚。其坚何类?譬如含血之类有子，名曰不注，内骨无信，其坚如是。住彼七日，转化成熟。彼其坚者，则为地种；软湿则为水种；煴燸则为火种；间关其内，则为风种。”

佛告阿难：“第五七日，其胎之内于母腹中藏。次有风起，名曰导御，吹其坚精，变为体形，成五处应瑞：两膑、两肩、一头。譬如春时，天降于雨，雨从空中堕，长养树叶枝。其胎如是，其母藏内，化成五应：两膑、两肩，及其头。”

佛告阿难：“第六七日，其胎在内于母腹藏，自然化风，名曰为水，吹其胎里，令其身变化，成四应瑞：两膝处、两肘处。”

佛告阿难：“第七七日，其胎里内于母腹藏，自然化风，名曰回转，吹之令变更，成四应瑞：两手曼、两臂曼。稍稍自长，柔濡软弱。譬如聚沫干燥时，其胚里内，四应如是，两手两足诸曼现处。”

佛告阿难：“第八七日，其胎里内于母腹藏，自然化风，名曰退转。吹其胎里，现二十应处：十足指处、十手指处。譬如天雨从空中堕，流澍觚枝，使转茂盛。时胚胎内于腹藏，起二十脔：足十指处、手十指处。”

佛告阿难：“第九七日，其胞里内于母腹藏，自然风起，吹变九孔：两眼、两耳、两鼻孔、口处，及下两孔。”

佛告阿难：“第十七日，其胞里内于母腹藏，自然风起，名曰痤短。吹其胎里，急病暴卒，而甚坚强，在中七日。其夜七日，自然风起，名曰普门。整理其体，犹如坚强，具足音声。”

佛告阿难：“第十一七日，胞内于母腹藏，自然化风，名曰理坏。吹其胎里，整理其形，安正诸散，令母驰走不安，烦躁扰动，举动柔迟，好笑喜语，戏笑歌舞，风起泪出，如是如坐母胞胎。成时喜伸手脚，其胎转向。成时诸散合立，有风名柱转，趣头顶，散其顶上，令其倒转。譬如锻师排囊吹，从上转之。如是阿难，其柱转风，上至其项。于项上散，转复往反。其风在项上旋，开其咽口及身中脐。诸曼之指令其穿漏，其侵转令成就。”

佛告阿难：“第十二七日，其胞里内于母腹藏，自然化风，名曰肤面。吹其胎里，令成肠胃左右之形，譬如莲华根著地。其肠成就，依倚于身，亦复如是，为十八空经缕沟坑。于其七日自然化风，名曰弃毛。吹生其舌，及开其眼，成身百节，令具足成就。不减依倚，生万一千节。”

佛告阿难：“第十三七日，其胞里内于母腹藏，觉身体羸，又觉饥渴。母所食饮，入儿体中。儿在胎中，母所食饮，儿因母大长养身。”

佛告阿难：“第十四七日，其胞里内于母腹藏，自然有风，名曰经缕门。吹其精体，生九万筋。二万二千五百在身前，二万二千五百在背，二万二千五百在左胁，二万二千五百在右胁。”

佛告阿难：“第十五七日，其胞里内于母腹藏，自然化风，名红莲花，名曰波昙。吹其儿体，令安二十脉。五脉引在身前，五脉引在背，五脉引在左胁，五脉引在右胁。其脉之中，有无央数不可称计若干种色，各各有名现目。次名力势，又名住立，又名坚强。又一种色，或有青色白色。白色为赤，赤色为白。或有白色为黄，或缥变色，苏色，酪油色，生热杂错，熟热杂错。其二十脉，一一有四十眷属，合八百脉。二百在身前，二百在背，二百在左，二百在右，二百二力二尊二力势。”佛语阿难：“其八百脉，一一之脉有万眷属，合为八万脉。二万在胸腹，二万在背，二万在左，二万在右。其八万脉，有无数空不可计。有一空，次二次三至于七。譬如莲华茎多有众孔，次第生一孔二孔三孔至于七孔。如是阿难，其八万脉亦复如是，有无数根空不可称计。有一次二次三至于七。”

佛告阿难：“其诸脉与毛孔转相依因。”

佛告阿难：“第十六七日，其胞里内于母腹藏，自然化风，名曰无量。吹其儿体，正其骨节，各安其处。开通两目、两耳、鼻孔、口门，及其项颈，周匝定心，令其食饮，流通无碍。有所立处，诸孔流出流入，逆顺随体，令不差错。设使具足无所拘滞，譬如陶家作瓦器师，若其弟子和泥调好，以作坏形，捶拍令正，补治上下，令不缺漏，安著其处。如是阿难，罪福因缘，自然有风，变其形体，开其眼精，耳、鼻、口精，咽喉，项颈，开其心根，令所食饮皆使得通，诸孔出入无罣，安其食饮。”

佛告阿难：“第十七七日，其胎里内于母腹藏，自然有风，名耗牛面。吹其儿体，开其眼精，令使净洁，使有光曜，及耳二精、鼻口门，皆令清洁，光曜无瑕。譬如阿难，如摩镜师弟子，取不净镜，刮治揩摩。以油发明，去其瑕秽，光彻内外。如是阿难，罪福因缘自然化风，开其眼耳鼻口，令其清净开通无瑕。”

佛告阿难：“第十八七日，其胎里内于母腹藏，除若干瑕，悉使清净。譬如月城郭，若入宫殿，有风名曰大坚强。其风极大，旋吹宫殿，擎持游行，自然清净，究竟无瑕。其胎如是，母之腹藏诸入之精，为风所吹，自然鲜明，究竟具足。”

佛告阿难：“第十九七日，在胚胎中即得四根：眼根、耳根、鼻根、舌根。初在母腹即获三根：身根、心根、命根。”

佛告阿难：“第二十七日，在其胞里于母腹藏，自然化风名鞸軏。吹小儿体，在其左足，令生骨节。倚其右足，而吹成骨。四骨处膝，二骨在臏，三骨在项，十八骨在背，十八骨在胁，十三骨在掌。各有二十骨，在左右足。四骨在时处，二骨在非处，二骨在肩，十八骨在颈，三骨在轮耳，三十二骨在口齿，四骨在头。譬如阿难，机关木师，若画师作木人，合诸关节，先治材木，合集令安，绳连关木，及作经押，以绳关连，因成形像，与人无异。如是阿难，罪福所化，自然有风，吹成色貌，变为骨节，因缘化成。在此二十七日中，于其腹中应时在身，生二百微细骨与肉杂合。”

佛告阿难：“第二十一七日，在其胞里于母腹藏，自然化风，名曰所有。吹其儿体，令出肌肉。譬如阿难，工巧陶师作妙瓦器、罂瓮、盆瓨，令具足成。阿难，其所有风吹其儿身，令肌肉生，亦复如是。”

佛告阿难：“二十二七日，在其胞里于母腹藏，自然有风，名曰度恶。吹其儿体，令生音声。”

佛告阿难：“第二十三七日，在其胞里于母腹藏，自然有风，名曰针孔清净。吹其儿身，令其生革，稍稍具足。”

佛告阿难：“第二十四七日，在其胞里于母腹藏，自然有风，名曰坚持。吹其儿身，申布其革，令其调均。”

佛告阿难：“第二十五七日，在其胞里于母腹藏，自然化风，名曰闻在持。吹其儿体，扫除其肌，皆令滑泽。”

佛告阿难：“第二十六七日，在其胞里于母腹藏，自然化风，吹其儿体。假使前世有恶罪行，诸殃来现。于诸十恶，或复悭贪，爱惜财物，不能施与，不受先圣师父之教。其应清净长大，更成短小；其应粗大，则更尫细；应清净长大，更粗大；当多清净，反更得少；当应少者，反成为多；当应清洁，反得垢浊；当应垢浊，反得净洁；当应雄，反成非雄；所不乐雄，反为贼雄；当所求者，反不得之；志所不乐，而自然至；当应为黑，而反成黄；当应黄，而反成黑。”

佛告阿难：“如其本宿所种诸恶，自然得之。或复为盲聋瘖哑患痴，身生瘢疮，生无眼目，口不能言，诸门隔闭，跛蹇秃瘘。本自所作，自然得之。父母所憎，违失法义。所以者何？如是阿难，宿命所种，非法之行。”

佛告阿难：“假使其人前世奉行众德，不犯诸恶，诸善来趣，谓十德行。喜于惠施，无悭垢心，奉受先圣师父之命。身中诸节，应当长者即清净长，当应鲜洁自然鲜洁，应粗清净即粗清净，应当细小即多细小，应多清净即多清净，应少清净即少清净，应滑鲜洁即滑鲜洁，应当忍少即便忍少，应当为雄即成为雄，所乐好声即得好声，所乐璎珞即得宝璎，应当为黑即成为黑，所乐言语即得所乐。如是阿难，随宿所种功德，诸为善自然，为众生所喜见。端正好洁，色像第一。其身口意所求所作所愿，则得如意。所以者何？是故阿难，宿命所种，自然得之。”

佛告阿难：“假使有男，即趣母右胁累趺坐，两手掌著面背外，面向其母。生藏之下，熟藏之上，五系自缚，如在革囊。假使是女，在母腹左胁累趺坐，手掌博面。生藏之下，熟藏之上。五系自缚，如在革囊。假使母多食，其儿不安。食太少，其儿不安。食多腻，其儿不安。食无腻，其儿不安。大热大冷，欲得利不利。甜醋粗细，其食如是，或多少而不调均，儿则不安。习色欲过差，儿则不安。在风过差，儿则不安。或多行来，驰走有所度越，或上树木，儿则不安。”

佛告阿难：“儿在母腹勤苦燠恼，众患诸难乃如是乎！俗人自谓生在安处，其若如是，何况恶趣勤剧之患。诸苦艰难不可譬喻，谁当乐在母胞胎乎?!”

佛告阿难：“第二十八七日，在其胞里于母腹藏，即起八念：乘骑想、园观想、楼阁间想、游观想、床榻想、流河想、泉水想、浴池想。”

佛告阿难：“第二十九七日，在其胞里于母腹藏，中自然有风，名曰髓中间。持其皮肤，使其净洁。颜色固然，随其宿行。宿作黑行，色现为黑，形体如漆。宿作不白不黑行，色现不白不黑，体像一貌。宿行素无光润，色现素无光润，普身一等。宿行白色，面貌正白，普体亦然。宿行黄色，面貌黄色，普体亦然。阿难，是世间人有是六色，随本所种自然获之。”

佛告阿难：“第三十七日，在其胞里于母腹藏，自然风起吹其儿体，令生毛发。随宿所行，或令其儿毛发正黑，妙好无量。或生发黄，人所不喜。”

佛告阿难：“第三十一七日，在其胞里于母腹藏，儿身转大具足。第三十二七日，在其胞里于母腹藏，儿身自成，无所乏少。第三十三七日，第三十四七日，第三十五七日，第三十六七日，儿身成满，骨节坚实，在于胞里，不以为乐。”

佛告阿难：“第三十七七日，在其胞里于母腹藏，自然生念，如在罗网，欲得走出，为不净想、瑕秽之想、牢狱之想、幽冥之想，不以为乐。”

佛告阿难：“第三十八七日，在其胞里于母腹藏。自然有华风，名曰何所垂趣。吹转儿身，令应所在。下其两手，当来向生。从其缘果，吹其儿身。脚上头下，向于生门。假使前世作诸恶行，临当生时，脚便转退，反其手足，困于其母，或失身命。其母懊恼，患痛无量。假使前世作德善行，终其长寿，则不回还，命不中尽。其母缘此，不遭苦恼无数之患。彼于三十八七日，则遭大苦无极之患，愁忧不乐。”

佛告阿难：“生死之苦，甚为勤剧。人生若男或生女，这生堕地，痛不可言，甚不善哉！懊恼辛酸，或以衣受触其形体，若以衾受卧着所处，或在床上，或置于地，或覆或露，或在暑热或寒冷。因是之故，遭其苦患，酷剧难称。譬如阿难，蛇虺牛之皮所悬著处，若在壁上，即化为虫，还食其皮。若使树木苗草陂水，设复在虚空中所倚，即自生虫，还食其形。在所依倚，则亦生虫，还食其形。儿始生时，则以手受。苦痛懊恼，不可称限。或以衣受触如前，其形体或稍以长大，饥渴寒热，其母小心推燥居湿，养育除其不净。所谓先圣法律，正是其母乳哺之恩。”

佛告阿难：“如是勤苦，谁当乐处父母胚胎。儿生未久，揣饭养身。身即生八万种虫，周遍绕动，食儿身体。发本虫名曰舌舐，依于发根食其发。虫名在修行道地中，一名舌舐，二名重舐，三种在头上，名曰坚固伤损毁害。”

佛告阿难：“人身苦恼如是，八万种虫晨夜食其形体，令人羸疲，少气疲极，令身得病或成寒热，众患苦恼不可数也。烦躁苦极，饥亦极，行复极，住亦极。设身有病，复求医药，欲除其病，在母胎时苦不可言。既生为人，极寿百岁，或长或短。百岁之中，凡更百春、百夏、百秋、百冬。百岁之中，更千二百月。春更三月，夏更三月，秋更三月，冬更三月。百岁之中，分其明白青冥部，凡更二千四百六十日。春更六百十五日，夏更六百十五日，秋更六百十五日，冬更六百十五日。百岁之中，凡更七万二千饭。春更万八千食，夏更万八千食，秋更万八千食，冬更万八千食。或惧不食时，或嗔不食时，或食穷乏时，或有所作不食时，醉放逸不食时，或斋不食时，皆在七万二千饭中。如是阿难，勤苦厄恼，谁当乐处母胚胎?!

如是众患匆匆未曾得安。众缘所缚，或眼痛病，或耳鼻口舌齿痛，膑脚咽喉短气腰脊臂肘卷腕，诸百节病痛诸患。风寒、诸热、疥癞、虚痔、恶疮、痈疽、黄疸、咳逆、颠狂、盲聋、瘖哑、痴蠢、疣瘘痳百节烦疼、胪胀带下、身体浮肿。如是阿难，地水火风，一增则生百病。风适多则百病生；热多则生百病；寒多则生百病；食多则增百病。三事合会，风寒热聚，四百四病同时俱起，何况其余不可计患。或截手，或截脚耳鼻，或斩头，或锁系鞭杖搒笞，闭在牢狱拷掠加刑，或畏于人，或畏非人，地狱饿鬼畜生之难，勤苦旷野蚊虻虱蚤蜂螫之难，虎狼师子蛇虺之惧。如是计之，苦不可言。有多所求，种勤苦根，不得则忧。有所志乐不如意，既所得，当复守护，生业勤苦。有所获得，志愿无厌，尘劳之恼多所妨碍。”

佛语阿难：“取要言之，五阴则苦。诸入诸衰，思想多念，由此生苦。因斯起其骄慢自贡高，自在心走不安。一一诸义，当观自然。譬如车轮，不在一处卧起。在床在地歌舞戏笑，当观苦想。假使经行坐起行步，常当思苦。懊恼众患，不可称数，无有一可快。所经行处，不起安想。心顿坐而不行，不在床榻，亦当知之勤苦。”

阿难言：“勿起安想。”

佛告阿难：“设在威仪而不休息，则有若干无量苦。与心自想念，谓安不苦。如是阿难，生死难乐。计有二患：自观身苦；为他人苦。观此二义，当自察之。吾虽出家，何因致慧？得报果实安隐无患。所从受食衣被床卧，病瘦医药，令其主人得大果报，获大光焰无极普义。”

佛告阿难：“当学如此，于阿难意云何？色为有常无常？”

阿难答曰：“无常，天中天。”

“设无常为苦不苦？”

阿难白佛：“甚苦，天中天。”

“又无常事，当复离别，法不常在。贤圣弟子闻讲此义，宁当发念，有吾有我是我所不？”

阿难白佛：“不也，天中天。”

“色、痛痒、生死，识有常、无常？”

答曰：“无常。”

曰：“假使为无常，为苦为安？贤圣弟子闻讲说此，宁有吾有我是我所不？”

答曰：“不也，天中天。”

“是故阿难，计一切色，过去当来今现在者，内外粗细，微妙瑕秽。若远若近，无我无彼，亦非我身。明达智者即观如平等不耶？假使阿难，贤圣弟子，厌于色者，痛痒思想生死识者，设使能厌则离尘垢，离尘垢则度。设志于度至度，见慧尽于生死，称扬梵行身，所作则办，则度彼岸示在此际。”

佛说是经时，贤者阿难得诸法眼生，其五百比丘漏尽意解。贤者阿难、五百弟子、诸天龙神，闻经欢喜。

胎教与胎养

周勳男

讲于香港国际文教基金会

一九九八年五月十二日

上古至汉代的发展

魏晋南北朝至唐代的发展

宋代到元代的发展

明代到清代的发展

现代的胎教

结论：胎教的研究与整合才刚开始

今天很荣幸承怀师之命，来到贵会报告有关中国传统胎教的问题，并希望能对现代胎教的进展有所介绍。

首先要提出的是，在我国古籍中，时常见到胎养与胎教这两个名词，它们是有所区别的。简单地说，在怀孕期间，偏重于生理方面的保养是胎养，偏重于心理的健康是胎教。但在我国古代医书中，则往往将这两方面杂记在一起，以见其间的紧密关系。如明代徐春甫在《古今医统大全》中所说："古人胎教、胎养之方，最为慎重，所以上古之人多寿多贤良。"

现在，让我们来回顾一下我国古代有关胎教、胎养的著述。

上古至汉代的发展

在中国的上古时代至西汉时代，有关胎养的问题已开始萌芽并形成理论雏形。例如公元前十六——前十一世纪，在甲骨文上发现已有占卜孕妇临产得病、母子是否平安的卦辞，以及"育疾"的名称，也就是妇女生育的疾病。

公元前十一世纪成书的《周易》，也有“妇孕不育”的记载，可见当时对于妊娠病变，已有了较为深刻的认识。

而在春秋、战国早期的《左传》中，对畸形胎儿、妊娠时间长短、一胎或双胎等情形已有记载。尤其是鲁僖公二十三年（公元前六四四年）载有“男女同姓，其生不蕃”，已明确地指出近亲结婚有害后代的繁殖，这比达尔文在一八五八年才论述到这一规律要早了二千五百多年。

当然，在我国现存第一部重要医典《黄帝内经》中，对妊娠的诊断、生理变化、胎前疾病、妊娠期间的用药准则、分娩的诊断等，更有了较为详细的记载。

根据《汉书·艺文志》的记载，我国最早的养胎专著是《妇人胎藏经》，可惜已经散失。但张仲景（公元一五〇——二一九年）所著的《伤寒杂病论·妊娠病》里，有关养胎保胎的内容很丰富，有胎孕用药、妊娠合并其他疾病的鉴别诊断、脏腑经络的逐月养胎、胎前疾病的诊治、祛病养胎等等；而在他的另一本著作《金匮要略·妇人妊娠病脉证并治》中，更对妊娠呕吐、腹病、出血、水肿、小便不利等病症，提出了相应的诊治方法。

讲到汉代，我们还不得不提到刘向所著的《古列女传·母仪传》，因为在此以前虽早有胎教之说，但正式文字记载则见于该书所说。

太任，文王之母，挚任氏之仲女也，王季娶以为妃。太任之性，端一诚庄，惟德之行。及其娠文王，目不视恶色，耳不听淫声，口不出敖言。生文王而明圣，太任教之以一而识百，卒为周宗。君子谓太任为能胎教。

古者妇人妊子，寝不侧，坐不边，立不跸（单脚站立），不食邪味，割不正不食，席不正不坐，目不视邪色，耳不听淫声，夜则令瞽诵诗，道正事。如此，则生子形容端正，才过人矣。故妊子之时，必慎所感。感于善则善，感于恶则恶。人生而肖万物者，皆其母感于物，故形音肖之。文王母可谓知肖化矣。

这段两百多字的文献，可以引申发挥的很多。这里限于时间的关系，无法多讲，只就第一段指出下列三点：一、太任的德性、行为本来就很好，而根据史料记载，王季也是位有德的贤君。故可说这对夫妇已具有良好的素质（即今天所称的遗传因子）；二、太任在妊娠期间非常重视眼、耳、口的防护；三、生了文王之后，太任又亲自加以教育。

至于第二段，也可指出下列三点：一、扩大到行住坐卧日常生活中，均讲求“正”；二、进而讲求“诵诗、道正事”等积极面的胎教；三、特别强调孕妇眼、耳所见所闻之善恶对胎儿的影响。

刘向在该书中也谈到周后胎教法：“周妃后妊成王于身，立而不跛，坐而不差，笑而不喧，独处不倨，虽怒不骂，胎教之谓也”，可并供参考。

虽然我国古代还没有“遗传”这个字眼，不过，汉代贾谊在《新书·胎教》中所说的“素成”，即有今天所说先天基因的意思。他说：

《易》曰：“正其本而万物理，失之毫厘，差以千里。”故君子慎始。……素成，谨为子孙婚妻嫁女，必择孝悌世世有行义者。如是，则其子孙慈孝，不敢淫暴，党无不善，三族辅之。故凤凰生而有仁义之意，虎狼生而有贪戾之心。两者不等，各以其母。呜呼！戒之哉！无养乳虎，将伤天下。故曰“素成”。

这里强调的是“慎始”。如果夫妻双方都是来自孝悌门风的家庭，那么无论是胎养、胎教，都将事半功倍；要是夫妻失和，自然就很难做到好的胎养、胎教了。

汉代王充在所著《论衡·命义篇》中提到的“性”，也很接近于今天所说的遗传。他认为“性”有三种：一、正性，即所禀是五常之正，可以说是特别良好的遗传；二、随性，即随父母之性，可以说是寻常的遗传；三、遭性，那就是妊娠期所感受的印象了。为什么说是“遭”呢？他解释说：

遭得恶物象之故也。……性命在本，故礼有胎教之法，子在身时，席不正不坐，割不正不食，非正色目不视，非正声耳不听……受气时母不谨慎，心妄虑邪，则子长大，狂悖不善，形体丑恶。

如果说“遭性”强调的是孕妇在妊娠期间心性、行为不正所产生的副作用，那么“正性”，就接近于今天所说的优生学了。

魏晋南北朝至唐代的发展

到了魏晋南北朝时代，我国养胎学有了纵深的发展。如晋代王叔和所著《脉经》，即记载了有关妇女妊娠、产后、带下、月经疾病及妇女杂病的脉法与辨证。当然，最负盛名的要算是北齐的徐之才（公元四九二——五七二年），他著有《逐月养胎法》，逐月论述了胚胎、胎儿的生长发育过程，并针对各月常发生的疾病，确立了逐月养胎、安胎的治疗方法，以及针灸禁忌、孕妇卫生保健及疾病的防治方法等。

故徐之才的著作甚为后世医学家所推崇，影响甚为深远。我们这里只引述他有关胎教的几段话：“妊娠三月始胎。当此之时，未有定仪，见物而化……欲子美好，数视璧玉；欲子贤良，端坐清虚，是谓外象而内感也。”因此他强调“当静形体，和心志”，“无悲哀，无思虑惊动”，“无大言，无号哭”，以免孕妇不好的精神变化会影响到胎儿的生长发育，以及出生后所形成的性格。此外，颜之推的《颜氏家训》中，也提到胎教的方法。

从隋唐到两宋之间，有关养胎、保胎的代表著作，有隋代巢元方的《诸病源候论》，论述妊娠的脉象、诊断胎儿的性别、孕妇饮食起居的注意事项，以及妊娠期中各种常见病、胎儿发育不正常及死胎等等。而唐代的孙思邈在所著的《备急千金要方》中，更系统地总结了唐代以前的医学成就，不但弥补了《诸病源候论》有论述而无药方的不足，而且对于妊娠期中各种疾病的论述也比以前进步。我们在这里只引述他的有关胎教的说法：

旧说凡受胎三月，逐物变化，禀质未定。故妊娠三月，欲得观犀象、猛兽、珠玉、宝物，欲得见贤人君子、盛德大师，观礼乐、钟鼓、俎豆、军旅陈设，焚烧名香，口诵诗书、古今箴诫。居处简静，割不正不食，席不正不坐。弹琴瑟，调心神，和情性，节嗜欲，庶事清净，生子皆良，长寿，忠孝，仁义，聪慧，无疾。斯盖文王胎教者也。

类似的说法，也见于《洞玄子》："凡女怀孕之后，须行善事，勿视恶色，勿听恶语，省淫欲，勿咒诅，审骂詈，勿惊恐，勿劳倦，勿妄语，勿忧愁……遂令男女如是聪明智慧，忠真贞良，所谓教胎者也。"教胎，也就是胎教。除了心理、行为的禁忌外，"须行善事"是道家提出的观念，至于重视因果的佛家则更为彻底，不仅女性怀孕前后，连男性也要一起来规范，一生都做善事才对。像袁了凡夫妇就是大家所熟知的范例。欲知其详，可看拙述《了凡四训新解》，以及了凡所著《祈嗣真诠》及《静坐要诀》二书（台北老古文化事业公司出版）。

宋代到元代的发展

到了宋代，朝廷设立了专门培养医学人才的太医局。该局分九科，学生三百人，其中产科十人，设有产科教授，所以刻印了不少妇产科专著，如薛轩的《坤元是宝》、杨子建的《十产论》等等。较为有名的是朱瑞章的《卫生家宝产科备要》，这是他走遍东南各地，汇集了宋以前妇产科著作及其他有关胎前诸病资料而编成的，到今天还有相当的借鉴价值。此外，陈自明的《妇人大全良方》共分八门，前三门是妇科，后五门是产科——胎教、候胎、妊娠疾病、产难、产后，也是值得研读的，至于他的《孕妇药忌歌》，则更是广为中医界人士所熟知。

到了元代，忽思慧所著的《饮膳正要・妊娠食忌》中，也加入了一段胎教的说法："圣人多感生，妊娠故忌见丧服、破体、残疾、贫穷之人；宜见贤良、喜庆、美丽之事。欲子多智，观看鲤鱼、孔雀；欲子美丽，观看珍珠、美玉；欲子雄壮，观看飞鹰、走犬。"此段说法，我们在此没有时间论评，只是提出资料，以备参研。元代提出有关胎教说法的，还有朱震亨所著的《格致余论・慈幼论》以及李鹏飞的《三元延寿参赞书》，也可一读。

尤其李鹏飞这本书，除了转述《太公胎教》所云"母常居静室，多听美言，讲论诗书，陈说礼乐，不听恶言，不视恶事，不起邪念，令生男女福寿敦厚，忠孝两全”外，还转载了宋代医学家王岳所撰的《产书》(原书久佚，仅为朝鲜《医方类聚》收录，后来才由日本丹波元坚辑出)，其中谈到妊娠期间胚胎及胎儿经脉的发展及孕妇应注意事项，值得一读。

一月，足厥阴肝养血，不可纵欲，疲极筋力，冒触邪风。

二月，足少阳胆合于肝，不可惊动。

三月，手心主右肾养精，不可纵欲悲哀，触冒寒冷。

四月，手少阳三焦合肾，不可劳役。

五月，足太阴脾养肉，不可妄思、饥饿，触冒卑湿。

六月，足阳明胃合脾，不得杂食。

七月，手太阴肺养皮毛，不可忧郁、叫呼。

八月，手阳明大肠合肺以养气，勿食燥物。

九月，足少阴肾养骨，不可怀恐、房劳。

十月，足太阳膀胱合肾，以太阳为诸阳主气，使儿脉缕皆成，六腑调畅，与母分气，神气各全，俟时而生。

将此论述与《佛说入胎经》、《禅秘要法》、《修行道地经》、《大威德陀罗尼经》、《俱舍论》中有关住胎的说法，跟现代人体胚胎学配合起来比较研究，一定很有趣，也一定很有意义。当然，有关中阴身入胎的说法，并非目前胚胎学研究的对象。目前喜好密宗的人渐多，这里不妨也把西藏札莫朗顿所著《甚深内义根本颂》中有关住胎十月气脉的发展的观点，顺便提出来以供比较研究。

生诞生荡与生动　生团是为四七日
业气荡漾而变动　生硬五七第一日
有如十二指半量　具此量中脉命气
生后心与脐二者　具轮为十气所依
胎儿如一小鱼然　母儿之脐两相连
气血得由此增长　此后从第二月起
一昼夜生一百脉　持命气分生下气
胎儿有如龟状然　三月乃生上行气
上身由此而出生　四月乃有遍行气
手足之脉皆出生　五月始有平住气
身内所依由此生　名为野猪狮子时
平住遍行气圆满　胎儿始具有活动
骨节各处段段生　总数为二百六十
如此五蕴圆满后　直至第六月之时
以龙气力增盛故　于地大上生二眼
七月乌龟气出生　于水大上生二耳
八月火界生鼻孔　是时海马气出生
九月提婆气出生　能知五味舌出生
十月财生气出生　十气由是皆圆满
一月六千脉出生　母腹初生五万四

其后三月七万二　九月以后食秽食
此后不清净界出　由气感觉饥与渴
受极其厉害之苦　此时有倒气出生
由是乘气从胎出　是为人狮子之时

住胎圆满，则出胎婴儿犹如狮子。讲胎教、胎养，其目的都是希望生出的是身心健康的婴儿。

明代到清代的发展

讲到元代，不禁像蒙古人，跑马跑得太远了。我们现在接着讲明代。万全的《育婴家秘》提到："子在腹中，随母听闻。自妊以后，则须行坐端严，性情和悦，常处静处，多听美言，令人诵读诗书，陈说礼乐。耳不闻非言，目不视恶事。如此则生男女福寿敦厚，忠孝贤明；不然则生男女多鄙贱不寿而愚顽，此所谓因外象而内感也。"另外，像李时珍的《本草纲目》、岳甫嘉的《种子全编》、李梴的《医学入门》等，都提出了很多诊治妊娠期间疾病的方法。

古代医学家提出的很多孕妇饮食方面的禁忌，有的有道理，有的纯属民间相传忌讳，但张介宾的《景岳全书》则从准备要"播种"的丈夫的观点，提出"凡饮食之类，则人之脏气各有所宜，似不必过分拘执，惟酒多者为不宜……酒性淫热，非惟乱性，亦且乱精。精为酒乱，则湿热其半，真精其半耳。精不充实，则胎元不固；精多湿热，则他日痘疹惊风脾败之类，率已受造于此矣。故凡择期布种者，必宜先有所慎。与其多饮，不如少饮；与其少饮，不如不饮”。当然，现代医学早已警告孕妇不可喝酒、抽烟，做丈夫的更不该制造二手烟。

讲到清代，除了吴谦等人编著的《医宗金鉴》为大家所熟知外，还有陈梦雷等人所编辑的《古今图书集成·医部》，把历代关于胎教学说的内容汇集在一起，立为“小儿未生胎养门”，研究起来最为方便。其他如石成金的《传家宝全集》，提出保孕诸戒，并强调怀孕至二三月、六七月，调理脾胃的重要性。青浦诸君子所辑的《寿世编》，则强调“一切宰杀凶恶之事，不宜看”。《叶氏竹林女科》则认为，“宁静即养胎。盖气血调和则胎安，气逆则致病，恼怒则气闭塞，肝气冲逆则呕吐衄血……欲生好子者，必先养其气。气得其养，则子性和顺，无乖戾之习”。徐文弼的《寿世传真》、沈金鳌的《妇科玉尺》则提出男女不孕的疗方。还有不能不提的是，清末的康有为在所著《大同书》中，更有成立胎教院，以培养聪明后代，提高人口质量的主张。

最后，我们要讲到在康熙年间，有位有“儒医圣手”之称的张路玉，他花了数十年工夫，会通历代医典，十易其稿，到了八十余岁，终于辑著《医通》成书，还得到康熙的肯定。书中谈到胎教，可以说是历代医学家谈胎教的一个小小总结，值得介绍出来：

胎教之说，世都未谙，妊娠能遵而行之，不特无产难之虞，且生子鲜胎毒殇夭之患，诚为广嗣要旨，姑以大概陈之。妇人经后四十余日不转，即谨房室；慎起居，薄滋味，养性情；刻刻存心，与执持宝玉无异。举趾必徐，行立勿仰，坐不实其前阴，卧不久偏一侧，不得耽坐嗜卧，使气血凝滞，为第一义。

虽不可负重作劳，然须时时小役四体，则经络流动，胎息易于动运。腰腹渐粗，饮食不宜过饱，茶汤更须节省。大热大凉，总非所宜。犬羊鳖蟹等一切有毒之物，固宜切禁，即椒姜常用之品，亦须少尝。其豕肉醇酒湿面之类，纵不能屏绝不食，亦不可恣啖，归精于胎，过于蕃长，致母临蓐难产，而子在胞中，御质肥脆，襁褓必多羸困。即如沃壤之草木，移植瘠土，枝叶得不凋萎乎？

甫交三月，即当满裹其腹。胎气渐长，仅可微松其束，切勿因其气急满闷而顿放之。在夏澡洗，须避热汤。冬时寤寐，勿迫炉炭。其最甚者，尤在不节交合，淫火尽归其子，以酿痘疹疥癞之毒。然须妊娠禀性安静，不假强为，方遵实济。若强制以违其性，则郁火弥炽，此与恣情无禁者，虽截然两途，而热归胎息则一。尝见有切于求嗣者，得孕即分处房帏，而子仍殁于痘，岂非强制其火弥炽之明验乎！盖人之志欲匪一，苟未能超出寻常，又须曲体母情，适其自然之性，使子气安和，是即所谓胎教也。

当知胎教原非一端，若怀子受惊，则子多胎惊。怀子抱郁，则子多结核流注。怀子恐惧，则子多癫痫。怀子常起贪妄之念，则子多贪吝。怀子常挟愤怒之心，则子多暴狠。怀子尝造绮语诡行，则子多诈伪。非但怀子之后，当检束身心而轻净交感，慎毋恣肆以遗胎息之患。若大醉后媾精，精中多着酒湿，则子多不育。大怒后媾精，精中多挟怒火，即子多乖戾。大劳后媾精，精中不满真气，则子多孱弱。若夫热药助战，作意秘精，精中流行毒悍，则子多异疾。至于风雨雷电媾精，感触震气，则子多怪类。以此言之，则三元五腊，宜确遵禁戒，诞育自是不凡，宗祧重务，安得视为嬉戏哉！

这篇短文加以研究、发挥起来，至少可以写成厚厚的一本书。有位医生朋友还把这篇文章，用毛笔整整齐齐地誊写在本子上，随时诵读呢！这里只想提出一点感想，我国古代医学家谈到胎教、胎养，都再三警告，做丈夫的绝不可同孕妇行房，否则会有各种严重后果。清代的褚人获还因此称赞受胎后的母马，因为只要公马靠近，受孕的母马就会用蹄踢开它。褚人获认为这是母马在护胎，还说“易称牝马之贞以此”哪！至于现代西医，大都主张受孕期间性活动不要过于激烈或频繁，讲求一点自然舒适的姿势即可。严格一点的是，在胚胎期及临产期避免就好了。这些中西医都只向男人说“可”或“不可”，但行医数十年的张老先生，却说“须曲体母情，适其自然之性，使子气安和”，否则“若强制以违其性，则郁火弥炽，此与恣情无禁者，虽截然两途，而热归胎息则一”。我想，即使不信胎教的新女性主义者，也要为这位开明的八十岁老伯伯欢呼，他还是近四百年前的先贤哪！

以上只是简略地介绍了我国先贤所讲胎教的一小部分内容。至于胎养部分，包括如何有孕、如何在不同妊娠阶段施予安胎保胎，以及孕期、生产、产后如何调护等等，更是匆匆略过，只是提到一些妇科专著，希望能引起有心人士进一步研究而已。因为我们这次的报告，重点是在胎教。其实，在先贤的著述中，即使提到胎教，往往也是同胎养密不可分的；反过来说，论述胎养，其中又必然包含着胎教。例如《宜麟策续编》一书就提出“保孕六说”：一、除烦恼；二、禁房劳；三、戒生冷；四、慎寒温；五、服药饵；六、宜静养。其中第一、六项是偏重于胎教的，如第一项说道：

凡受胎后，切不可打骂人。盖气调则胎安，气逆则胎病，恼怒则否塞不顺。肝气上冲，则呕吐衄血，脾肺受伤；肝气下注，则血崩带下，滑胎小产。欲生好子者，必须先养其气。气得其养，则生子性情和顺，有孝友之心，无乖戾之习。所谓“和气致祥”、“一门有庆”，无不由胎教得之。

第六项说道：

胎前静养，乃第一妙法。不校是非，则气不伤矣；不争得失，则神不劳矣；心无嫉妒，则血自充矣；情无淫荡，则精自足矣。安闲宁静，即是胎教。

这岂止是胎教，去掉首尾各八个字，简直是修道者的座右铭。

至于胎教的效果，除了前面提过文王、成王的例子外，我们再举一个实例。根据清代陈康祺《燕下乡脞录》所说，雍、乾朝的万承苍学士，是南昌人，他的母亲刚怀他时，曾默祝于影堂："不愿生儿为高官，但愿负荷先世之学统。"因为万氏先祖，如明代刑部侍郎虞恺、光禄卿如言，都讲学于阳明念庵之门，当时号为硕儒。万承苍入了私塾，果然喜欢读王阳明的书，当时的人就都说这得力于胎教。当然，现代有人会不以为然，认为那是得力于家风、母教外，还有遗传。说到遗传，宋代俞琰的《席上腐谈》上说："勒祖偃长不满七尺，常自罪短陋。恐子孙之似也，乃为子伉娶长妻。伉子勒，长八尺三寸。"又如唐代寒山大士一首无题诗：

柳郎八十二　兰嫂一十八
夫妻共百年　相连情狡猾
弄璋字乌虤　掷瓦名婠妠
屡见枯杨荑　常遭青女杀

这是说老夫少妻即使怎么恩爱，所生的子女也是寿命不长。这首诗以及前面那则笔记史料，都暗合现代优生学所说的遗传。不过，这已超出胎教、胎养的范围，属于另一专题了。

现代的胎教

现在，我们转入现代，约略介绍现代有关胎教的发展概况。

现代的胎教，其重点在于了解母体内的胚胎，以及胎儿逐渐成长的情况，为他提供一个最好的生长环境，使胎儿得到身、心的健康发展，甚至开发胎儿潜能，使他出生后发挥更大的才智。

首先需要了解的是，现代医学对胎儿脑部及有关感觉的重要发现。

一、胎儿脑部的发展

人类约有一五〇亿个大脑皮质神经细胞，全部完成于胎儿期，平均起来，每天要生产五六千万个，胎儿诞生后就不再增加。但大脑的重量却会增加，生产后重约四百克的大脑，到满一岁时已达八百克，以后的成长就慢了下来，男性到二十岁，女性到十七八岁时，大脑重量均为一千二百至一千四百克。这些出生后脑部增加的重量，是来自脑部网状组织的结构或覆盖物的结构。

人类的大脑在胎儿期，就不断为说、听将来要用到的语言、了解思考其中的意义等进行准备，而逐渐形成知性活动的基础，即所谓智能的基础结构。同时，大脑内部也进行增加质佳的产物，即减少不必要的东西，进行由重量转换成重质的工作。酒精、香烟等有害物质，或母亲的焦躁、压力，不仅会阻碍这种工作的进行，也会阻碍胎儿大脑的发育。

二、智能基础的发展

所谓智能的基础，简单说来，就是人的感觉（也就是视觉、听觉、嗅觉、味觉、触觉等五种感官并加以认识的能力）。与这些感觉具有重要关联的是，大脑中的大脑边缘系统与大脑新皮质部分。

大脑边缘系统的成形，始于妊娠十四周左右，这时的胎儿开始建立起那种获得满足就有快感的欲望、不能满足就感到不快的“心智基础”，并且慢慢地培养脑部发挥更高难度作用的能力，那就是建立位于大脑边缘系统的周边，即大脑新皮质的部分。

怀孕三——五个月间，是胎儿大脑发育特别重要的时期，也是大脑边缘系统与大脑新皮质的网状组织化的开始。观察腹中胎儿的脑波，可以记录下来的，正是始于受孕后三个月左右。而大脑边缘系统是在昏昏沉沉的浅睡中，才积极地活动、成长。因此，如噪音、压迫子宫等，均会妨碍胎儿的睡眠，进而对其情绪、情感能力的培养产生不良的影响。

另外，到怀孕第三个月、男胎的性器官成形后，到第四个月左右开始，其男性荷尔蒙会开始影响自己的脑部，逐渐形成男性脑部（脑部这种生物性别区分发展到性别中枢的形态，要到出生后的四岁为止）。这时孕妇若受重大压力，会使胎儿的男性荷尔蒙不能顺利分泌，并因此受到母亲的女性荷尔蒙的影响，而形成女性的脑部特征。也就是说，出生后虽是男性，行为却很女性化。反过来说，若是女胎，即使因不明原因而使其女性荷尔蒙分泌不顺，但其母亲的女性荷尔蒙还是能使其脑部性别区分化。

因此，不论是怀孕或养育婴儿，至四岁期间，女性要特别注意避免太多的精神压力，而要尽量让自己保持愉快的心情。

三、胎儿的触觉

触觉比其他的感觉，如听觉、视觉等形成得更早，约自怀孕第八周左右即开始。而在第十二周左右，胎儿的感觉已经和成人的一样，其中特别发达的是指头、唇部的感觉，而男胎也有性器官的感觉。这时用超音波扫描，即可看见胎儿吸吮指头的情形（不太吸吮手指的胎儿出生时，指头有茧的情形较多）。而且不只吸吮手指，凡是嘴巴能碰触到的部位，如手腕、肩部、手臂以及肚脐或子宫壁等，即会加以吸吮。所以胎儿一出生下来，毋需人教，天生会用力吸吮母奶。

到了怀孕第十七周左右开始，孕妇开始感觉到胎动，那是胎儿以脚踢的动作在摇动羊水，使全身的肌肤都能感觉到羊水的震动。像这种对皮肤的刺激，对胎儿脑部的发展有重大的影响。因为皮肤有第二脑之称，具有和脑部极为类似的性质，皮肤和脑部的外胚叶细胞层均十分发达。

皮肤不仅有单纯的内外之分，还能把外来的刺激传达到神经系统，并把内部的状态传达到外面，以保护身体的健康，如遇到寒冷时会起鸡皮疙瘩，炎热时会流汗。

对触觉最好的胎教是，孕妇要心情放松，最好是能做边放松边散步的规律活动，使子宫能自然地每一分钟反复做一次规律的自动收缩，这是给胎儿最舒适的皮肤刺激。因此，孕妇最好避免长时间坐车等激烈活动，因为不规则的震动会影响胎儿，使他将不快的感觉由皮肤传到脑部，进而妨碍脑部的发展。此外，不正确的姿势，穿着过紧的衣服，或由炎热的户外走入冷气房间，都会造成不正常的子宫收缩，这些都应尽量避免，还要记得保持腹部的温度。

四、胎儿的听觉

怀孕约第六周左右，胎儿开始形成耳朵，最早是半规管，其次是外耳、内耳、中耳等重要部分。一过四个月，脑部形成后，就能感受到声音。尤其完成了海马的部分，所有的感觉资讯都集中在此，并能取舍该忘掉或记忆的事情。这种遗忘的功能，或许就是宗教上所谓“隔阴之迷”或“喝孟婆汤”在生理学上的根据吧！胎儿出生以后，这种遗忘的功能其实还有着一般人所忽略的作用。不谈多生累劫，就人这一生中，如果那些该忘掉而已忘掉的不快乐的记忆一下都涌现出来，恐怕就很难有人能够承受。

而到了第五个月形成耳蜗之后，就完成了几乎和成人一样的耳朵。胎儿喜欢的是两百至一千赫左右的中度声音，这大约是其母亲声音的高度。虽然这时胎儿对声音还不能加以区别，但却能记住经常听到的声音（因此出生后很快就能从声音中认出谁是母亲）。随着脑部的发展，到了怀孕第八个月后，胎儿才形成可以区别音调强弱的神经。即使胎儿并不明白声音的意义，但却能根据母亲声音的强弱，而敏锐地感受到其情绪。因此，孕妇必须以温和、平静的心情、语气和胎儿说话。

此外，怀孕期间也应尽量远离噪音，诸如引擎声、刹车声、闹钟声、刺耳声及孕妇的高亢声等等，因为这些声音会使胎儿脑部因紧张而发出β波，并分泌抑止脑细胞成长的荷尔蒙。相反，听听柔和的风声、水声或轻音乐，会使脑部因放松而发出α波，并分泌助长脑细胞发育的荷尔蒙。

五、味觉与嗅觉的胎教

自怀孕的第三个月左右，便开始形成舌头上的味蕾。到了七个月左右，味觉已十分发达，能感受到味道。同时，脑部也开始能接收来自鼻子的讯息。出生不久的婴儿，就具有区别自己母亲味道的能力。因此，孕妇要注意饮食，对于蛋、牛奶及大豆，不要摄取过量，以免造成胎儿过敏的体质。可多吃鱼、海带、蔬菜，尤其是含钙的食物。最好吃稍为清淡的食物，少吃煎炸、油腻的食物。

孕妇闻到怡人的味道，产生愉快的心情后，会促使荷尔蒙分泌，而传到胎儿脑部，使他也有愉快的感受。所以室内花饰、花园或清新的香皂香气，都能使怀孕中的母子身心感到舒畅。

六、视觉的胎教

负责胎儿眼部晶体功能的网膜器官之根源，约于怀孕第四周形成。由于胎儿为母亲厚厚的腹部所包护，不会受到外来光线的困扰，而可以安心地睡在幽暗的温床上。胎儿这段时期，虽然眼睛看不见，却能清楚地感受到明暗度。所谓感受，是由于脑中松果体之褪黑色素荷尔蒙运作的关系，这种荷尔蒙遇到明亮物就减少，遇到阴暗物则增加。孕母所见所感受到外来光线，透过胎盘传到胎儿的脑部，而使他感受到是明还是暗。到了第七个月左右，胎儿才开始出现可模模糊糊看到物体的能力。

因此，孕妇的生活方式非常重要。若能早睡早起，那么就能把天亮起床活动、天暗上床睡觉的生物时钟传给胎儿。反过来说，如果孕妇过的是晚起、熬夜的生活，那么生下来的孩子便很可能具有不良的生物时钟。

结论：胎教的研究与整合才刚开始

以上只是就眼、耳、鼻、舌、身五种感觉，以及意的生理基础即脑的发展，略谈一下胎教的方法。现代世界各国流行的胎教研究，大概说来，也没有超出这些范围。

例如日本的室冈一教授，当他查明母体外的声音确实会传到胎儿的耳朵后，即把胎儿所听到的声音、母亲的心跳声与血液流动声录音下来。等这胎儿出生后，这婴儿听到这些播放出来的声音，就会停止哭泣，甚至安然入睡。

后来，厚生省还委托小林登主持母子互动关系的研究，并用摄影机拍摄下来进行分析，结果发现，刚出生三天的婴儿，对于不同向他搭话的人，有明显的不同反应：对于母亲说的话，婴儿的双手会积极活动起来；但对护士说的话，却不太有反应；至于播放各种人声混合的录音带，则手足根本不动，甚至把头转向另一边。这些实验都在证明，人在胎儿期就有了记忆力，而在出生一两天后，对母亲的声音表现出具有再认的能力。

除了声音的刺激外，现代科学还研究胎儿对光与触的刺激的反应，如胎儿的心脏变化、胎动变化、眨眼反应、握手反应等。

法国的巴黎健康卫生科学院、英国的奥德斯也都曾做过实验，证明胎儿对音乐已有喜恶的反应，出生后也随这些不同音乐而有不同反应。而美国的凡德卡教授，更于一九七七年创办了一所专门对孕妇进行胎教指导的学校。他采用有系统地对胎儿讲话、播放音乐，或在孕妇的腹部适当地抚摸、拍打肚皮上的一定部位等方式，以促进胎儿的听觉与触觉神经的发育。他还主张孕妇的丈夫也应参加胎教活动，这样既可加强夫妻亲密关系，又可使出生后的婴儿能较快地认识父母，更易于理解语言与文字。至于美国的汤玛斯·维尼，甚至把自我暗示与佛教的种种观想法，应用于胎教。中国也于一九八七年三月二十八日，成立了中国环境音响医学研究协作中心，从事测定胎儿在各种声波下的反应，以及对孕妇的营养化验监测与指导，已有了初步成果。

展望未来，有关胎教、胎养，以及优生学等等领域，将会进一步进行科技整合，以取得更大成果。

由于时间关系，这次仅能匆匆简略报告到此，请各位不吝赐予指正，谢谢。

图书在版编目(CIP)数据

人之初——《佛说入胎经》今释/李淑君译著.—北京:东方出版社,2009.7

ISBN 978-7-5060-3479-1

Ⅰ.人… Ⅱ.李… Ⅲ.①佛经-研究②人体胚胎-通俗读物 Ⅳ.B94 R321-49

中国版本图书馆 CIP 数据核字(2009)第 047467 号

人之初——《佛说入胎经》今释

李淑君 译著

责任编辑:刘俊堂
出　　版:东方出版社
发　　行:人民东方出版传媒有限公司
地　　址:北京市东城区朝阳门内大街 166 号
邮　　编:100010
印　　刷:北京明恒达印务有限公司
版　　次:2009 年 7 月第 1 版
印　　次:2024 年 8 月第 24 次印刷
开　　本:650 毫米×960 毫米　1/16
印　　张:14.25
插　　图:16 页
字　　数:110 千字
书　　号:ISBN 978-7-5060-3479-1
定　　价:48.00 元
发行电话:(010)85924663　85924644　85924641

如有印装质量问题,我社负责调换,请拨打电话:(010)85924602　85924603